このサーフボードは、仙台市若林区荒浜に住んでいた教え子から譲り受けたものです。

　2011年3月11日に発生した東日本大震災によって、津波が押し寄せ、その教え子の自宅は全て流されてしまいました。

　ぼくは、秋田で何ができるだろうと自問自答していました。大好きな海に入ることもためらっていた時に、その教え子から「海に入ってください」「海によって全てを失ったけど、海から逃げないでください」と連絡が入り、このサーフボードを持って海に行きました。

　そして秋田で出会った人達に沢山のメッセージを書いてもらいました。ここから、ぼくの秋田での活動がスタートします。

防災キャンプのすすめ

はじめに

　2011年3月11日に起きた東日本大震災は、皆さんの記憶に深く刻まれていることでしょう。ぼくはこの時、宮城県仙台市に住んでいました。そして、趣味全開で設計した自慢のログハウスの我が家は、全壊してしまいました。

　周囲はがれきの山、消えてしまった町並み、亡くなってしまった大切な人たち、電気もガスも水道もなく、連絡を取る手段さえない。多くの被災者がそうであったように、ぼくも最初は恐怖で心が凍り付いたようになり、「これから一体どうしたらいいのか」と、呆然としてしまいました。

　大人たちが一瞬にして失ってしまったものの大きさに身動きが取れないでいるこの時、真っ先に動き出したのは、なんと子どもたちでした。そこでぼくは、進んで「何かできることはないか」と考えはじめた彼らと一緒に「命をつなぐ」活動を始めることにしたのです。
　湧水を求めて往復120分もかかる険しい山道をポリタンクを持って歩き、
　その水を高齢者世帯に届けたり、ガソリンスタンドやスーパーの状況など、地域の生活情報を集めて手作りの広報新聞を毎日作り、家の壁に掲示しました。

　今がどんなに辛くても、未来は希望に満ちている。今行動することで、未来を手元にたぐり寄せることができるとでも言うように、子どもたちは生き生きとがれきの中を走り回りました。彼らが未来からやってきた存在なのだとはっきりと思い知らされたのです。ぼくは学校で教育に携わる身ですから、この様子に触れて、「彼らに何を知っていてほしいか」を真剣に考えるようになりました。

　一番大事なことは、命を守る、と言うこと。
　自分の命、そして、誰かの命。これを守るために頼りになるのは実践力。いざというときに体が動くかどうか。それを教えなければ。
　でも、「これを覚えなければ死んでしまうかもしれない」という、防災教育でありがちな脅すような教え方で、本当に命を守る実践力が身につくのだろうか。違うんじゃないか。
　だって、生きることは最高に楽しいことじゃないですか！
だったら、楽しいことを通して生きのびることを学ぶことこそ自然なことだ！「楽しまなくちゃ、はじまらない」ですよ！

そうだ、野外での楽しいキャンプを通して、災害発生時に起こる不便な生活を疑似体験し、さまざまな対処方法を学ぶ、というのはどうだろう！
　「そうだ。『防災キャンプ』だ！」…ぼくのキャンプ経験と、防災教育とが重なり合った瞬間でした。

　その場その時々での判断と行動が試されるし失敗もするだろうけれど、全部まとめて楽しんでしまおう！失敗を積み重ねながら獲得した成功体験は、永遠に忘れない記憶となるとともに、大自然の豊かさ同様に気持ちも豊かになるはずですから。

　…「防災」という視点から行うキャンプは、アウトドアが趣味の大人にとっても、初めて経験することがたくさんあるでしょう。
　皆さんも、子どもも大人もワクワクできる遊びの要素がたくさん詰まった「防災キャンプ」を体験し、「生きること」を楽しんでみませんか！？

日本赤十字秋田短期大学
及川　真一

防災キャンプのすすめ 🍃 目次

第1章 防災キャンプとは ･････････････････ 7
東日本大震災の教訓から ････････････ 8
防災キャンプのいろいろ ････････････ 10
親子防災キャンプ ･･････････････････ 12
ガールズ防災キャンプ ･･････････････ 16
こども防災キャンプ ････････････････ 20

第2章 防災キャンプを体験しよう!! ････････ 29
テント ････････････････････････････ 30
災害時にも便利!アウトドア用シングルバーナー ･････ 39
女子大生のおすすめ防災グッズセレクション ････････ 46
日用品を活用して"いのちをつなぐ" ･･･ 62

第3章 災害時に役立つアウトドアクッキング ･････ 91
災害時の食事 ････････････････････････ 92
ごちそうレシピ集 ･･････････････････ 94

第4章 防災キャンプのリスクマネジメント ･････ 125
防災キャンプを安全に楽しもう ･･････ 126

第5章 いのちを救うために ･････････････ 133
優しさを行動に ････････････････････ 134
手当の基本 ･･････････････････････ 136
一次救命処置(BLS)の手順 ････････ 138
きずやけがの救急法 ･･････････････ 142
水辺での活動のために ････････････ 174
雪を知る ････････････････････････ 180

第6章 地震被災後の対応 ･･･････････ 187
震災後の連絡・情報収集 ････････････ 188
熊本地震 ････････････････････････ 198

第7章 ここまでとこれから ･･････････ 203

第1章 防災キャンプとは

第1章 防災キャンプとは

1 東日本大震災の教訓から

なぜキャンプなのか

　東日本大震災以降、全国各地で防災教育の活動が報告されています。
　防災教育の重要性はわかっているけれど、公的機関や各種団体による防災への取り組みは「難しそう」な印象があるので参加しづらい、という気持ちもわかります。防災教育は家庭から始めることが大切だと思います。

**防災教育を行う上で注意したいのは、
無理にやらせようとしないことです。**

　「しなくてはいけない」を強いることで、「防災はつまらない」という気持ちをもたせてしまう恐れがあるからです。興味をもちながら経験によって学ぶことが理想です。
　経験は心を強くします。災害時の困難を類似体験することで、万が一災害にあった時に心に余裕が生まれます。

　そこで考えたのが、キャンプでした。

電気やガス、通信手段がないキャンプは、ライフラインが途絶えた災害時に活かせる要素が満載です。楽しみながら覚えることが、災害発生時のストレスを軽減するのにも役立ちます。

　物的に制限された環境下で、いかに命を守り災害を乗り切るかが防災の大事なポイントであり、その制限をいかに快適に楽しむかがキャンプです。この二つは、両立するのです。

第1章 防災キャンプとは

2 防災キャンプのいろいろ

防災とキャンプの組み合わせ。キャンプの楽しさから防災!!

キャンプとは?

CAMP はもともとラテン語で、「平らな」を表したそうです。その昔、平らなところに砦のようなものを築き、そこに兵隊を置き訓練を行いました。そして、いつのまにか「共に生活しながら、兵隊の訓練をするところ」を CAMP と呼ぶようになり、さらに転じて「仲間と共同生活をする」という意味になったそうです。

キャンプの種類

キャンプの種類や形態にはさまざまなものがあります。

例えば、青少年を対象にした青少年キャンプはもとより、幼児キャンプ、高齢者を対象にしたキャンプなど多岐にわたります。内容もオートバイや自転車で移動しながらツーリングキャンプを行ったり、野外で炊飯調理を協同でおこなってみたり、河原でバーベキューなどを行うデイキャンプなど千差万別です。

キャンプは、家族や友人などが少人数集まって野外でキャンプを楽しむことを目的としたキャンプと、キャンプを何らかのねらいや目的を達成するための手段として行う場合のキャンプに分けられます。ある目的を達成するために組織化されたキャンプは、組織キャンプ、教育キャンプと呼ばれています。

防災との組み合わせ

　一般に、キャンプは大自然の中で、キャンプ道具を用いて行います。アウトドアのレジャーとして楽しむ人も多いと思いますが、その日の食事や快適な寝床の確保など、実は「生き延びる」術が詰め込まれています。

　繰り返しになりますが、防災教育を行う上で注意したいのは、無理にやらせようとしないことです。興味をもち、楽しみながら経験し、その中から学んでもらいたいのです。

　フィールドを野山から避難所に置き換えて、そこでキャンプを営みながら、非常時でも快適な生活を送ることができる術を学ぼうというものが防災キャンプなのです。

災害時の状況を疑似体験できる

　いつ災害が起きてもおかしくない場所で、私たちは暮らしています。そのため、日ごろから避難所や避難路を確認したり、避難グッズを用意している人も多いはずです。

　しかし、問題は「災害が起きたあと、長期にわたって水道や電気の供給がストップしてしまった中でどう暮らしていけるか」という点です。「避難所があるから大丈夫」と思うのは間違いで、慣れない環境の中で体調を崩す人もたくさんいます。過酷な状況にあっても、できるだけ普段に近い生活ペースを作るためには、物質的な備えはもちろん、非常事態に「心身が慣れておく」ことも必要なのです。

　そこでおススメしたいのが、家族や友人同士でキャンプに親しんでおくこと。楽しい思い出ができるだけでなく、いざというときの備えや能力が自然と身につくキャンプにチャレンジしてみませんか？

第1章 防災キャンプとは

3 親子防災キャンプ

自然がいっぱいの環境で日頃体験できない貴重な体験ができます！

　休みの日は家族でショッピングや遊園地もいいけれど、キャンプを楽しみたいというママ・パパは多いかもしれません。大自然の中で子どもと一緒になって走ったり、大草原でゴロゴロと寝転がったり…。

　家族で協力してテントを立て、ごはんを作ったり食べたりする中で、互いに知らなかった一面や、思いも寄らなかった子どもの成長が見られるかもしれません。

例えば親子防災キャンプには、こんな効果があります!!

共同作業することで家族がひとつになれる

　テントやタープなどは、家族みんなで力を合わせなければ張ることはできません。また、調理する時も、みんなで協力して、火を起こしたり、食材を洗ったり、炒めたり、何をするにも家族で協力して行います。

　東日本大震災では、被災者の方が避難所で過ごした期間、各所で子どもたちが協力しながら果たした役割は大きいと言われています。支援物資の配布を手伝ったり、掃除する場面が多くありました。子どもたちは、大人が想像する以上に活躍するものなのです。

> 「不便な生活」が自然と子どもを動かす

　自分の役割を考え、自主的に動くことが自立につながります。
　衣・食・住すべての日常がぎゅっとコンパクトに凝縮しているキャンプ生活。働かないと寝ることも食べることもできない、という不便さの中で、子どもは自然に自分の役割を意識し、動くようになります。
　キャンプ場では各サイトに水道が設置されていることは少なく、通常は炊事場や洗面所を共同で使います。
　いちいち水を汲みに行くのが大変なときは、ポリタンクを使って自分のサイトへ持って行きますが、この水汲みの仕事を小学生ぐらいのお子さんが担っている姿をよく見かけます。実はこれ、災害時に給水車や給水施設などから水を運ぶ練習にもなるのです。

第1章 防災キャンプとは

「生き抜く力」が育つ

　学校などで学んだせっかくの知識も、日常生活の中で活用できなければ意味がないですよね。その点、突然の雨、強風、暗闇で過ごす体験など、キャンプは自然の中で起こる様々な出来事に対処しなければなりません。それらすべてが学びとなります。そしてその学びは生き抜く力に直結します。

モノを大切にする心を育む

　家にいる時とは違い、キャンプでは、水は汲みにいかなければならないし、燃料だって無駄にできません。食材もそう。実際に体験してみることで、すべてのモノには限りがあり、場合によっては不足するかもしれないということがわかります。今手にしているモノを大切に使わなければいけない、という気持ちが育つのです。

「謙虚さ」と「暮らしの原点」を知ることができる

　夜が更ければむき出しの地面は冷え込んで、真っ暗な谷間からはカエルの合唱が聞こえてきます。一歩野外に出れば、自然の圧倒的な威力に、人間はただ従うほかありません。

　キャンプは、便利な都市生活の中で、ともすれば傲慢になってしまいがちな私たちに、自然のあるがままを受け止める謙虚さと、人の暮らしの原点を教えてくれます。

> 提案

　でも、「キャンプに行くには時間も道具もないし…」そんな家族も多いはず。そんな場合はピクニックから始めてみませんか？

　近くの公園に、お弁当を持ってお出かけしてみましょう。外で食べることで「こんな道具もあると便利かな？」とか、「これを持ってきたけど使えない！」とか、野外生活で本当に必要な道具も経験から確認できます。

　もし、避難バッグなどを備えているのなら、それを持ち出して試してみると、災害時の備えにもなりますよ。案外、いざという時に使えないモノが入っていることも…。

4 ガールズ防災キャンプ

女子だけで行う男子禁制が基本のキャンプスタイル

　アウトドアファッションは、今やオシャレツールのひとつ。女性だけで防災キャンプをするのも楽しいものです。

　たとえばせっかくのガールズ防災キャンプですから、思い切って明るい色を取り入れたコーディネイトなど、好きなファッションを思う存分楽しんでみましょう。

　ガールズ防災キャンプの始め方はとっても簡単。好きなものをたくさん集めて、一歩外に飛び出せば、あなたも今日から「ガールズ防災キャンパー」です！

　男子禁制にし、火起こしやテント設営など、なんでも自分たちでトライして女子力アップ!? 女子ならではの持ち味を生かしながら防災意識を高めましょう！

女子向けの防災グッズ

　地震などの災害に備えて必要な品物を用意している人も多いと思いますが、これには意外と男女で違いがあります。女性しか必要ではないものは、案外軽視されがちかもしれません。女性の立場から必要なものをピックアップしておきましょう。

ウェットティッシュ
　水がなくてお風呂に入れないとき、ちょっと顔や体を拭いたりするのに重宝します。

毛布、ひざかけ等
　基本的な用途はもちろん「暖をとること」ですが、防寒対策としてはもちろん、避難所でのプライバシーを守るための目隠しにもなります。大判のものがあるとよいと思います。

生理用ナプキン、おりものシート等
　避難所では洗濯ができないので、下着などの節約にもなります。

マスク
　避難所は不特定多数の人が集まります。感染防止だけではなく、女性ならやはり気になってしまう「すっぴん隠し」としても使えるマスク。避難生活では、プライバシーがほとんどありません。マスクを持っていると安心ですね。

第1章 防災キャンプとは

カイロ

　東日本大震災も阪神淡路大震災も、寒い時期の災害でした。ライフラインに被害が出ると、防寒をどうするかという問題が出てきます。真冬に被災する可能性も考えると、少なくともカイロは毛布やひざかけ等とあわせて用意しておくべきだと思います。

消毒用アルコール

　水に不自由することが多い被災地では、気軽に手を洗ったりできません。そんなときアルコールでサッと消毒できます。

化粧品、洗顔料等、エッセンシャルオイル、ハンドクリーム

　命を守るアイテムも必要ですが、こっそり気分転換できるアイテムもとても重要。過敏になった気持ちを優しく癒やしてくれます。

ヘアゴム

　髪を纏めるためだけでなく、怪我をした際の止血としても利用できます。

携帯用ビデ

　ストレスを感じたり長時間の座姿勢を強いられるとデリケートゾーンが荒れてしまうもの。少ない水で使える、入れ替え式の携帯用ビデがあると安心です。

長袖シャツと歩きやすい靴

　長袖シャツは、上半身をさまざまな危険から守ってくれます。さらに防寒、紫外線対策にもなります。
　また、災害時は道なき道を歩くことになりますので、ヒールの高い靴やサンダルなどでなく、スニーカーなどの歩きやすい靴が良いでしょう。足を怪我してしまうと、その後の行動が大きく制限されてしまいます。

帽子

　防寒対策、熱中症対策、紫外線対策、危険物からの保護など、帽子にはさまざまな機能があります。深めにかぶれば他人からの視線を気にせずに済み、多少ですがストレスの軽減にもつながります。

緑茶パック

　長引く避難所生活では、口の中の健康維持が体調管理と同じくらい大切になります。そのために緑茶の抗菌作用はとても役立ちます。緑茶にはフッ素も含まれているので、虫歯予防にもなります。

第1章 防災キャンプとは

5 こども防災キャンプ

自分を守れる子どもたち

　一度災害が起きると、子ども達の学校に大勢の人々が避難してきます。体育館、グラウンド、調理室、教室が避難所として使われます。そして、子ども達は大人から「守られる存在」として扱われます。しかし、子ども達は日々、学校で生活しています。どこに何があるのかなど、誰よりも知っているのです。彼らに役割を与えれば、立派な避難所運営の支援者となります。

　もちろん自分の命と安全を自分で守る、ということも大事です。大人たちも心の余裕がなくなりますから、子どもでも大人を頼れない場面がたくさんあるのです。

　子どもたちが自然災害の知識を学習し、いざというときどうすればいいのかを学ぶことで、自分の命を守る力を身につけることを目的としたキャンプが「こども防災キャンプ」です。

ぼくらが実践してきたこと

　学校で防災学習を経験している子どもたちですが、避難訓練を含め、現状では限定的な知識を身につけることに留まっています。

　もっと実践的なことを、しかも「楽しく」学ばせたい。しかし学校の枠を離れた「子ども防災キャンプ」の実施はなかなか難しいことが山のようにあります。ここでは、ぼくらが東日本大震災の後で試行錯誤をくり返しながら実践してきたことを一例として紹介したいと思います。

「こども防災サマーキャンプ」の歴史

2011年、東日本大震災から5ヶ月後の夏。

秋田県は東北の中でも震災の被害が比較的少ないにも関わらず、子どもを含めた地域の方々は、海を避けている印象を受けました。やはり、震災の津波被害についての、数多くの報道による影響が大きかったのでしょう。

しかし、自然は猛威をふるうこともあるけれども、僕らを生かし、育て網、流木アート制作などを行いながら、水上安全法についてなど「命を守る」体験学習を実施したのです。

これが現在私の大学で学生たちが主体となって行っている「防災キャンプ」の前身となった、「こどもサマーキャンプ」の始まりでした。

参加数は、予想を大幅に超えて約250人が参加しました。

企画の時点ではあくまでも単年で終わるつもりでいたのですが、子どもたちの生き生きとした表情にふれて、「もう少し工夫をして、次もまたやってみたい」と思うようになりました。

第1章 防災キャンプとは

2012年：被災地の子どもたちとの交流

　前年度のキャンプの様子から、「子どもたちを対象としたサマーキャンプをもう一度やりたい、もっと意義深いものにするためにはどうしたらいいだろう」と考え続けていました。

　震災発生直後から何度も被災地を訪れ、その際に東北各地の避難所などで、どんな困難な状況であっても前向きに活動する子ども達の姿を見てきました。

　子ども達の可能性は遊びを通じて身につくものと言われています。しかし、残念なことに被災地の遊び場は、瓦礫置き場などに大きく変化して、せっかくのバイタリティーを発揮する場所が失われたままでした。

　そんな子ども達が、今一度、大自然の中で力をおもいっきり発揮し、解放することができたらどんなに素晴らしいだろう、と思ったのです。

そこで、学校や日常では経験できないことに楽しく挑戦しながら「自然の中で生きる」「自他の命を守る」ということを学んでほしいと願い、宮城、岩手、福島の各県から 50 名を秋田に招き、総勢 165 名で秋田のこども達と交流を行いました。

　内容もさらに充実させて、救急救命法のほか、海でのサーフィンや筏、山でのキャンプ、サッカー、川でのカヌーなどの体験プログラムを用意しました。

　自然は、きちんと知識とマナーをもって接することで、大きな楽しみや喜びを与えてくれるんだということを、改めて知ってほしかったのです。

　さらに、ただの遊びのキャンプということでは片手落ちと思ったので、救急救命法の体験学習も組み込んでみました。

　ここまで企画が大きくなると、さすがにぼく個人や学生たち、声をかけられる知り合いの範囲だけでは運営することができません。

　嬉しいことに、「こうした企画をやりたい」と言うと、非常に多くの個人や企業の皆さん、スポーツチームなどから、さまざまな形で協力と協賛をしていただくことができました。本当に有り難いことだと思っています。

　子どもたちの満足げな表情がとても印象に残りましたが、それ以上にボランティアとして活動した学生たちの動きや意識に、とてつもない可能性を感じたのもこの時です。

　「このキャンプは深い意義がある。続けていきたい」と考えたのは、ここからでした。

2013年〜「こども防災キャンプ」のスタイルの確立

　前年のサマーキャンプでの学生たちの働きを見ていて、「大人が何から何まで仕切るのではなく、学生ボランティアを育て、彼らを主体としながら、さらに『防災』を軸として打ち出した子どものキャンプができないものか」と考え始めていました。

　そんなある日、一件の依頼が入りました。「他県から秋田へ避難している子ども達が土地の生活に馴染めていない」という内容でした。

　そこで、これまで行ってきた野外教育プログラムのもとで、他県から避難してきている子ども達と秋田県に住んでいる子どもとの交流を図るため、海の家を貸し切ってサマーキャンプを行いました。

規模は前年よりも縮小しましたが、そのかわり「学生たちを活動のメインとし、防災の体験メニューを大きく打ち出し、「大人たちが手を離す」ことを狙いました。
　すでにキャンプを経験してきた学生たちは、大人がしゃしゃり出るまでもなく、さまざまなプログラムを文字通り主体となって運営してくれました。
　大人は、いざというときのバックアップができればいい、という状況が見えてきました。
　さらに2014年からは、「避難所」を意識して大学の体育館やグラウンドを主会場とし、はっきりと「防災」に舵を切った「こども防災キャンプ」を実施してきました。

　プログラムは「避難所の設営」「水の作り方」「火の起こし方」「ごはんの炊き方」「救急救命」「応急処置」など、より実践的なものとなっていきました。ただし、「楽しく身につける」ということだけはしっかりと押さえての実施です。
　子どもたちにとって、たとえば「水がなければどうしよう」「電気がなければどうしよう」という危機的なことも、青空の下、仲間たちと一緒に笑いながら、失敗をしながら体験すれば、すべて「楽しい遊び」になるのです。

第1章 防災キャンプとは

　場合によっては「ケガをしたらどうしよう」「倒れている子がいたらどうしよう」のような、およそ遊びとは思えないような内容でも同様です。
　大事なことは、防災の知識や技術が楽しく、そしていつの間にかきちんと身につくことですから。
　また、「楽しい」と思ってもらうための大事なこととして、大人たちはほとんど前面に立つことがなくなり、子どもたちにとってより身近な存在である「若い学生ボランティア」が中心となってその運営を行ったことがあげられます。

　その学生たちも、ぼくの大学の学生だけでなく、秋田県内のさまざまな大学から参加してくれるようになりました。そうした様子を見て、学生たちのボランティアを組織化して、もっと何かできるようになるのではないかと考え始めています。

地域の防災力の高まりは、地元の学生たちをはじめとした若い人たちがどれほど動けるかにかかっています。ぼくらの「子ども防災キャンプ」は、子どもたちの楽しい学びの機会というだけではなく、若い世代が自分たちの力で地域の命と安全を守ろうとする意識はもちろん、具体的な知識と行動力、指導力を培う場ともなっているのです。

　さて、子どもたちを集団で参加させる宿泊を伴った企画、というのは簡単ではありません。ある程度大きな規模で行うとなると、楽しい企画の内容そのものよりも何倍も大変なことに配慮しなくてはなりません。

　急病やけが、ケンカなどのトラブル、小さい子だとおねしょの心配もあります。

　緊急の時の連絡はどうするか、参加者の移動の安全確保をどうするか、食事の衛生面、などというようなことは、もちろんすべて運営サイドの責任となります。

　また、子どもたちには集団活動なら特に大事な「行動の規律」を守ってもらうのも大変なこと。できるだけ細やかに目が届くように小グループを作り、それぞれのグループに学生ボランティアを担当として割り振るのですが、べたべたと仲良くなりすぎると学生も一緒に子どものような動きをしてしまいがち。事前の研修でしっかりと「頼れるお兄さんお姉さん」になってもらわないといけません。

　後はお金の問題です。必要となる経費の中には、食材や燃料などの他に、傷害保険なども入ってきます。

　子どもたちを楽しく学ばせるために、大人たちは細かく膨大な準備が必要である、ということですね。

第1章 防災キャンプとは

　もちろん、苦労した以上の大きなご褒美がもらえることは言うまでもありません。
　それは、日程の最後に必ず見られる、前日にスタートした時とはがらりと雰囲気が変わって自信に満ちた、子どもたちの成長した顔と、別れの時に手を振る子どもたちの笑顔と涙です。

第2章 防災キャンプを体験しよう!!

第2章 防災キャンプを体験しよう!!

1 テント

テントはレジャーキャンプの時だけ使用される道具ではありません。

　たとえば災害時は、家の倒壊などによって、寝るところがなくなることも考えられます。実際、被災地では仮設住宅の建設までの間、避難所の内外でテントが大活躍しています。

テントにはいろんな種類があります。

　ドーム型テント、2ルームテント、ロッジ型テント、Aフレームテント、ティピー（モノポールテント）型などなど…それぞれにメリット・デメリットがあります。

　テントはそれなりの値段がするので、簡単に買い替えたり、買い足したりすることはできないと思います。いざという時には家族の「家」になるものなので、テントの種類による特徴を知って選ぶようにしましょう！

初めてテントを購入の人

初心者はドームテントがおすすめ

　初めてテントを購入する際は、ポール2本をテントのトップの位置でクロスさせて立ち上げる「ドーム型テント」がおすすめです。この特長としては、

　①短時間で設営できること（5～10分）
　②機能面でのバランスが良いこと
　③コストパフォーマンスが高いこと
　…があげられます。

　コンパクトなものだったら、コツさえつかめば女性でも一人で設営が簡単にできるのが嬉しいところ！とは言え、一度も立てたことがなければいざというときに困るはず。コツをつかむためにもぜひ、アウトドア遊びに使ってみてください。

　スポーツ用品店などではすっかり主流となって並べられているドーム型テントは、サイズや価格帯も幅広く豊富に用意されています。では初心者はどんなことを想定してテントを選べばいいのでしょうか？

　それは大きく3点。「人数に合ったサイズ選び」「価格」「耐水圧」です。適材適所のテントの選び方のコツ、覚えていて損はありませんよ！

雨キャンプに備えて耐水圧に注目！

　テントを選ぶ際に特に注目すべき項目はこれ。

　急な雨などの時（よくあることだと思ってください）、耐水圧が低いものは、内側に水がしみてきて荷物が濡れてくるという悲惨な状態になってしまいます。

　耐水圧は、フライシート（テントにかぶせているシート）の数値を確認すれば、まず間違いはないです。3万円前後のテントであれば、耐水圧1,500mmのもので雨をしのげます。2,000mm以上あれば安心できますが、最低でも1,500mm以上のものを選ぶようにしましょう。

第2章 防災キャンプを体験しよう!!

使用人数に合わせたテントの広さを選ぶ！

　テント選びでポイントになるのはやっぱり広さ。居住空間が広いだけでかなり快適に過ごせるわけですが、いったいどれくらいの広さがあればよいかというのは難しい問題です。

　もちろんテントのスペックを見れば収容人数が表記されていますが、選び方の目安としては底面積が 300cm × 300cm 程度あれば、荷物と合わせて大人 2 人と子供 2 人がゆとりをもって過ごせます。

　テントのサイズは大きくなればなるほど重量が増えてしまいますし、収納のためのスペースも大きくなります。しかしクルマで行くオートキャンプであれば、テントの重さを気にする必要はないので、予算の許す限り大きなテントを選ぶとよいでしょう。

リビングと寝室が別になったタイプ

ツールームテント（ロッジドーム型）

　ツールームというネーミング通り、1つのテント内に2部屋設けることができるテントのことです。

　1部屋をリビングスペースに、もう1つを寝室にするのがスタンダードな使い方です。

　一般的にドームテントは天井が低いのに対し、人が立てるほどの高さのあるタイプも多くラインナップされていますし、広々としたリビングスペースが確保できるため居住空間としてとても快適です。リビングスペースは雨や日差しを避けて料理を楽しむこともできます。

　何より、あらかじめタープ部分を兼ね備えているため急な雨にもあわてずに済む点が頼もしい！リビング部分をスクリーンにすれば蚊除けに、閉めればある程度の寒さもしのげるといった柔軟性もツールームテントの魅力です。寝室の前部分にプライベート空間を設けていることで、夜間のセキュリティー面でも安心です。

　しかし、設営に関しては最低2名以上必要で、ポールの仕組みもやや複雑なことから、初心者向きではないかもしれません。もちろん価格はドームテントと比較すると高めです。

第2章 防災キャンプを体験しよう!!

リビングと寝室が一体になったタイプ

ドーム型テント

　現在、最も一般的に普及しているドーム型テントは、種類も多く、価格も手頃なものからさまざま用意されています。

　柱となるポールを交差させて反らせ、立たせることで、ゆとりのある空間を作り出します。

　コンパクトに収納することができ、組み立ては、コツさえつかめば一人でも立てることができるほど。4〜6名程度のキャンプであればこれをひと張り持っていれば大抵のところで快適に過ごすことができます。

　前室のあるモデルは、荷物を居住空間から追い出すことで居住空間を広く確保できます。

　初めてのキャンプでも特にストレスなく使えるので、女性だけのキャンプでも安心です。

Aフレームテント

　Aフレーム型テントの最大の魅力は、組み立てがとても簡単なことです。
　両サイドにA形に組まれたフレームを、もう一本のフレームで連結し、ほとんどの場合はそれに吊り下げ用のフックを引っ掛けて完成させる、というシンプルな構造です。
　このテントはモンベルのムーンライトテントに採用されていることでも有名で、その名の通り、月明かりの中でも素早く設営ができるのです。

こんなテントもあります

　「テンチョ」は、簡易テントとポンチョの機能を併せ持ち、停滞時から移動時まで幅広く使用できるもの。これは特に軽くてコンパクトに収納できるので、荷物としてもかさばりません。

第2章 防災キャンプを体験しよう!!

イージーキャンパー

　どこでもすぐに設置できるパーソナル安眠スペースです。

　慣れれば1分で設営でき、地面を気にする事もなく、ペグ打ちも必要ありません。設営後すぐに寝られてしまう、名前の通り超イージーなテントベッドです。

　コンパクトなアウトドアギアと比べると、収納サイズは大きめですが、緊急宿泊所として、色々な場所で大活躍します！この手軽さは一度使うと病み付きになります！

その他に必要な物って？

インナーマット

テントに敷くインナーマットは必須です。これがないと冷えたり濡れたりしますし、テントの下に小石などがあったりすると、痛くて体が休まりません。

グラウンドシート

グラウンドシートはテントの底に敷くシートです。テント下を傷めずに長持ちさせてくれます。石などで擦れてしまうと簡単にテントに穴が開いてしまうのです。

さらに、地面から出る湿気からも体を守ってくれます。雨が降った時の防水にもなるので、これを敷くのが当たり前というくらいの必需品です。

ポイント

ペグとハンマーでテント設営は楽になる

　ペグとは、テントやタープを設置固定するために打ち込む杭です。キャンプサイトの地面強度など土質によって数種のペグを使い分けるのが一般的ですが、キャンプ最初はテントを買った際に付属しているペグを使いつつ、慣れてきたら、他の道具とあわせて徐々に種類を増やしていけばいいと思います。

　とは言うものの、付属されてくるプラスチックペグやプラスチックハンマーでは、何度叩いても地面に打ち込めずに苦労しがち。ちゃんとしたペグやハンマーを持っていれば、どんなテントだって無駄な力を使わずに組めます。それがテント張りのストレスを軽減し楽にする秘訣です！

知っておきたい材質強度と打ち込み角度

　打ち込み角度は地面に対して45度、ペグからロープに向かっては90度になるように打ち込みましょう。これを意識するだけでググっとテントの強度が上がりますよ！

2 災害時にも便利！アウトドア用シングルバーナー

一家にひとつ、シングルバーナー

　熊本地震や、先の東日本大震災を受けて、非常時の蓄えや装備を改めて検討されている方も多いのではないでしょうか？

　ぜひとも用意しておいてほしいアイテムで、災害時などにとても役に立つものの代表格のひとつが、シングルガスバーナー（ガスストーブ）です。

　シングルガスバーナーとは、手軽に使えてコンパクト収納が可能なガスカートリッジタイプのコンロのことです。

　単純な湯沸かしから、意外なほどちゃんとした調理にも使える優れもので、一体型と分離型の2種類があります。

　コンパクトなシングルガスバーナーが一つあれば、お湯を沸かせますし、災害時以外でもキャンプや休日の散歩に持ち出して、外でコーヒーを淹れたりもできます。

　コンパクトなのに何かと役立つシングルガスバーナー。一家に一つ持っているとかなり重宝します！

バーナータイプの違いは?

一体型タイプ

ガスカートリッジに直接固定して使うタイプ。バーナー本体は折りたたんでポケットに入るくらいコンパクトなものがほとんどです。

分離型タイプ

バーナー本体やゴトクがガス缶から分離してホースで連結されています。重心が低く、重い鍋や大きめの鍋の調理に適しています。

燃料は？

カセットボンベ缶（CB缶）

卓上カセットコンロでおなじみのカセットボンベ。実はこのボンベが使えるコンパクトなガスストーブもあります。こちらのCB缶の特徴は、スーパーなどでも買うことができて、比較的安く手に入れることができることです。デメリットとしては、OD缶ほど耐久度が高くなく、過酷な環境では点火しない可能性があります。とは言っても、高い山の登山などをしなければ十分です。

アウトドア缶（OD缶）

キャンプや登山している人などがよく持っているのが、こちらのOD缶です。OD缶の特徴はコンパクト設計ながら、ハイパワーで耐久性に優れていることです。低温環境でも問題なく火を起こすことができます。デメリットとしては、OD缶はアウトドアショップやホームセンターでしか売っていない場合が多く、手軽に手に入りづらいという点です。また、CB缶よりも価格は高めです。

ガス缶の扱いは気を付けて！

シングルバーナーの弱点は、鍋からの輻射熱が直接ガスカートリッジ（ガス缶）に当たること。底の広い鍋を使っての長時間の煮込み料理は、ガスカートリッジ（ガス缶）が輻射熱で熱せられて爆発などの恐れがあります。

また、調理以外でもガスカートリッジ（ガス缶）が過熱してしまうケースがあります。高温になる車内や砂浜に置きっぱなしにしたり、焚き火のそばに置いたりは厳禁。使用済みのガスカートリッジでも微量にガスが残っていますので、高熱になるところには絶対放置しないでください。

第2章 防災キャンプを体験しよう!!

テント内でのガス器具使用は厳禁!

テント内でガス器具は絶対に使用してはいけません

　テントは燃えやすい素材でできているものが多いので、火災の危険性があります。

　火災と同様に恐ろしいのは一酸化炭素中毒です。一酸化炭素は非常に有毒な性質で、大量に吸ってしまうと死に至ります。また体外に排出されにくい性質のため、少量であっても脳や内臓が損傷、治療後も障害が残ってしまうケースもあります。「前室」を開けているからといって決して安全ではありませんので絶対に使用しないでください。

　ガス器具の使用は必ずテントの外で行ってください。

筆者が愛用しているシングルバーナー紹介

燃料:カセットボンベ缶(CB缶)

①一体型

SOTO　レギュレーターストーブ ST-310

　外気温 25℃〜 5℃の環境下でも常に一定の火力を発揮します。また、直径 19cmまでの大鍋を使用できる大きなゴトクを装備することで、数人分の料理もこなすことができます。

②分離型
SOTO　シングルバーナー ST-301

　大人数でキャンプをする機会が多い筆者は、どうしても大きな鍋を使います。なので、大きなゴトクと低重心設計で、直径25cmまでの大きな鍋でも調理ができるこのモデルはおすすめ。テーブルトップで大鍋料理ができます。

燃料：アウトドア缶（OD缶）
①一体型
snowpeak　ギガパワー ストーブ地 オートイグナイタ付

　なんと胸のポケットに入るガスストーブです。それなのに、室温22〜25℃、水温20℃の水1Lが95℃(沸騰)になるまでかかる時間は、たったの4分48秒（メーカーテスト）です！
スイッチを押せば"カチッ"という音ともに点火します。コンパクトなのにハイパワーです。

②分離型

snowpeak　ヤエンストーブ ナギ

　2,800Kcal/hのパワフルな火力からトロ火までお手の物です。収納サイズからは想像もつかない広いゴトクは、しっかりしていて安定感も抜群。大鍋やダッチオーブンなどを乗せてもガタつかず、安心して調理ができます。

　また、風防が一体になったストーブのため、炎が風に影響されにくく、調理にストレスを感じません。一体になった風防を上下逆さに付け替えることによって、ゴトクの位置が二段階にセッティングできます。

　鍋を使う場合は、より耐風性を高めるためにゴトクが風防に深く落ち込むパターンでセット。フライパンを使う場合は、風防とゴトクがフラットになるようセットができます。状況によって最適なセッティングで使い分けが可能な優れものです。

③ほかにこんなのもありますよ！
snowpeak　ギガパワーLIストーブ剛炎

　このガスバーナーの魅力は、とてつもない強火で料理できることです。
　なんと最大8500Kcalで、普通の家庭用コンロを凌駕しています。チャーハンなどを作ると「パラパラ感」のレベルが違います。
　風防付きのバーナーヘッドと折り畳み可能な4本ゴトクは直径31cmの大鍋にも対応します。

第2章

3 女子大生のおすすめ防災グッズセレクション

便利な優れものたち！

　ぼくが勤務しているのは看護や介護を学ぶ大学だからか、女子学生の占める割合がとても高いのです。

　防災キャンプを企画運営するにあたっても、自然に？女子学生がリーダーシップを取る場面が多く見られるようになります。

　彼女たちの独特な視点は、ぼくに新しい気付きを与えてくれることもあり、とても助けられています。

　そんな「女子大生」たちがセレクトした、おすすめ防災グッズを紹介します。ひとつひとつを見てみると、なるほど、と思うものばかりですよ！

❶ GOAL ZERO（ゴールゼロ）

アウトドアで使えるポータブル・ソーラーパネルの代表格。

フィールドを問わず、電源のないアウトドア・フィールドで太陽光発電し、コンパクトなバッテリーに繰り返しチャージが可能です。これがあればアウトドアでGPSやスマートフォン、タブレット、カメラなどのデバイスの電池切れを気にせず使用できます。騒音や排気ガスが発生せず、非常時や災害対策としても役立ちます。

使用環境としてマイナス17度から48度の温度環境の中で使用可能と、アウトドアに最適なタフさを持っています。

❷ RAVPower ソーラーチャージャー

折りたたみ式で持ち運びがコンパクトな、24Wの電力を生み出す大容量のソーラーチャージャー。3つのポートで使用できる優れものです。

❸ GRDE 10000mAh 大容量ソーラーパネル モバイルバッテリー

防水、防塵、耐衝撃性が高く、雨の日でも充電できるソーラーパネル一体型のモバイルバッテリーです。ただし充電速度は天候状況により変わります。

❹ BioLite キャンプストーブ

　たき火で発生した熱を電気に変換できるキャンピングストーブです。

　小枝や小さな薪などを燃焼室の中で燃やして電気に変換。充電された電気でファンが稼働し、燃焼室の中に空気を送り込むことで燃焼効率が向上、たき火の火力が増します。

　ファンを回すために十分な電力が蓄えられた後、余剰電力はUSBポートを通じて外部機器の充電に利用することも可能です。ガスやガソリンなどの化石燃料を使わなくても強力で安定したたき火ができ、さらに発電も可能という画期的なキャンピングストーブ。アウトドアシーンではもちろん、防災用品としても注目されています。

　※約20分間の充電で携帯電話での約1時間の通話が可能です。(使用する機種により異なります)

　※USBで充電できる以下の機器を充電することが可能です。

　携帯電話／スマートフォン／MP3プレーヤー／LEDフラッシュライト／ヘッドランプ／充電池など

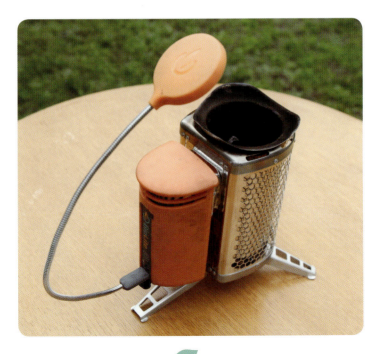

❺ mont-bell　H.C. ヘッドライト

　災害時に両手を使えて、何か作業ができることは重要なこと。このヘッドランプは、消費電力が少ない省エネ白色 LED 電球を採用し、手回しハンドルで充電することができるヘッドライトです。ライトは LOW、HIGH、点滅と 3 段階の調節が可能。本体はヘッドバンドから取り外すことができきます。

❻ Panasonic　ハンズフリーライト

　ヘッドランプは苦手という方は、こんなタイプはどうですか？
　ネックレスの感覚で首にかけて使う新スタイルの LED ライトです。首にかけて、両手が自由に使えます。

第2章 防災キャンプを体験しよう!!

❼ 防水型LEDソーラーランタン

エムパワード　LEDソーラーランタンは、超軽量100g、ビーチボールのように空気で膨らませて使います。折りたためば2.5センチ。かさばらずアウトドアのお出かけにはうれしいコンパクトなデザイン。小型の洋風ちょうちんとして普段使いのご愛用者様も増えています。ソーラーパワーの輝きは、エコで安全、スタイリッシュな明かりです。

直射日光8時間でフル充電。繰り返し使えるリチウムイオンバッテリー充電式。6〜8時間連続点灯します。

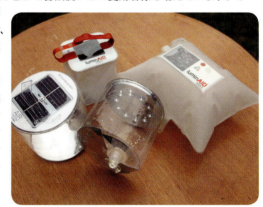

❽ mont-bell H.C.5way　マルチラジオ

FM/AMラジオ、LEDライト、モバイル機器への充電、時計、アラームの5つの機能を備え、災害時やアウトドアでマルチに活躍するアイテムです。

パソコンなどのUSB端子に接続して充電ができ、手回しハンドルと本体のソーラーパネルを用いた補充も行えるので、電力の供給を受けられないような状況でも使用できます。モバイル機器への充電は付属のコネクターを用いて手回しハンドルを回転させながら行います（内蔵電池からの充電はできません）。ニッケル水素電池内蔵。

❾ MSR オートフロー グラビティーフィルター

　最新の中空糸膜技術を取り入れた新世代の浄水器。 重力による自然落下方式で、ポンピング不用の浄水システムです。 1分間で1.75リットルを濾過でき、濾過能力が落ちた場合も簡単にフィルターカートリッジを洗浄することが可能です。「災害時に生命をつなぐ」ための水を、大量に確保できます。

❿ MSR　MINIWORKS EX

　高性能な浄水器MSRのミニワークスEXがあれば、誰でもできる簡単な操作で、いつでもすぐに安全な飲料水を手に入れられるようになります。

第2章 防災キャンプを体験しよう!!

⓫ ソーヤープロダクツ SAWYER Mini ソーヤーミニ（携帯浄水器）

　登山などで使用するバックパックで背負う荷物の中で、大きな比重を占め、なおかつ無くてはならないもの…それは「水」です。

　安全な水場が確保されているのなら、現地調達で荷を軽くするのも手段のひとつです。

　しかし、山によっては水場のないところもありますし、自然環境ですから、常に同じ状態であるという保証はありません。

　そこで携帯浄水器や薬品などを持つ訳です。

　アウトドアなどを楽しむ方はもちろんのこと、防災グッズとして、ひとつ持っておいても間違いありませんよ。

⑫ Kelly Kettle

100 年以上の歴史を持つ アイルランド生まれのアウトドア用やかん「ケリーケトル」。

ガスを使わず、松ぼっくりや小枝などの自然燃料でお湯を沸かすことができるエコなケトルです。本体は二重構造になっており、外壁と内壁の間に水を入れ、ファイヤーベースに入れた小枝などに火をつけます。煙突効果で上昇気流が起こり内壁全体で熱する為、効率よく数分でお湯を沸かすことができます。また、ポットサポートやクックセットと組み合わせると、簡単な料理が楽しめるのもケリーケトルの魅力です。

⑬ snowpeak ヤエンストーブ ナギ

　シングルバーナー紹介の項でもピックアップしている、抜群の安定性で調理がしやすい、低重心で不整地でも安定した調理ができるストーブ。風防が一体になったストーブのため、炎が風に影響されにくく、調理にストレスを感じません。最大 2,800Kcal/h のパワフルな火力からトロ火までお手の物。収納サイズからは想像もつかない広いゴトクは、しっかりしていて安定感も抜群なので、大鍋やダッチオーブンなどを乗せてもガタつかず、安心して調理ができます。

⑭ Esbit　ポケットストーブミリタリー

　固形燃料とともに（人気が高い）のがこの「ポケットストーブ」。
　固形燃料の燃焼効力と熱効力が最大に発揮できるよう底面にスリットを設け、両側には立ち上がった壁で煙突効果＆炎を守り、強力な火力を実現しています。高山や氷点下でも安定して燃焼し、熱効率 7,000kcal/kg。メーカーの調査によると「固形燃料スタンダード」タブレット（4g ×2）で 200ml の水が約 4 分半で沸騰すると公開しています。
　また引火点は 400℃で自然発火や爆発の心配がなく、安心して保管できます。
　コンパクトさと軽量さからドイツやスイスなどヨーロッパ諸国の軍隊でも採用されているほど。日本では道具の軽量化にこだわる人に人気があり、防災用品としても所有している人も多いアイテムです。

⓯ シェラカップ

　コンパクトに収納でき、かさばらないことや、多くはステンレス製で衛生面でも扱いやすいことから、キャンプやトレッキングに適した万能アイテムとして、各種アウトドアメーカーからもさまざまなシェラカップが発売されています。

　火に直接かけられるので、鍋としてフライパンとして、そしてコーヒーカップや計量カップとしても使えます。

⓰ SEA-TO-SUMMIT　X-ポット 2.8L

　何かとかさばる食器をコンパクトに畳める、携行性に優れた調理ポット。

　側面は柔軟性のあるシリコン製で、底面は熱伝導性に優れたアルミにアルマイト加工なので、直接火にかけられます。

　容量は、2〜3人分の調理に適した約 2.8ℓ。湯切り穴が空いた半透明のフタ付きです。

⓱ Stream Trail ドライキューブ

　防水性に優れたシンプルな構造で、透明ウインドウやリフレクターを備えたバッグ「ドライキューブ」は「防災用バッグ」としても使用できます。
　必要な防災アイテムを入れ、しっかりとロールダウン＆バックル留めをしておけば救命浮具がわりになります。そして、水を排水できるドレンコックが付いているので、水を入れて運ぶこともできます。

⓲ mont-bell　U.L. コンフォートシステムパッド 150

　テントを張って屋外でキャンプをする時には地面の上で寝ることになるのですが、その際に寝袋だけしか持っていないと小石や枝などの凹凸が背中に当たって不快だったり、地面に体温が奪われて冷えてしまったりするので、スリーピングマットと呼ばれる道具が必要になります。
　災害時の避難所などでも活躍します。

⑲ MSR　FURY

　MSR のテントは、3 つの登山シーン別にあります。

　無雪期の登山に EXPERIENCE SERIES、冬登山にも使える EXPLORE SERIES、そして最小限の荷物での登山は ESSENTIAL SERIES !

　秋田の冬の災害時の避難を想定してオススメするのは「FURY」。このテントは、最も耐風性があり、過酷な条件でも快適に使用できる 4 シーズンモデルです。

⑳ ツエルト

　ツエルトとは、思いがけない山での宿泊や、荷物を減らしたいときにテントの代わりとして使用するもので、別名「ビバークテント」とも呼ばれています。

　もともとは一夜を過ごすために体に巻いたり、頭から被るという使い方をされていましたが、近年ではテントと同じように設営するものが多くなっています。

㉑ mont-bell　ダウンハガー 800 EXP

抜群の快適性と軽量性を備え、コンパクト収納も実現した高品質な寝袋です。

長年の実地経験と技術の粋を投入して、南極など極寒地での使用に耐え得るように作った極寒地向けのモデルです。過酷な環境下でも快適に睡眠がとれるので、避難所では心強いアイテムとして活躍します。

㉒ スポーツユーティリティブランケット

何度使ってもへたれないタフさが魅力の、アイデア次第で多様に使えるシート。

6カ所のグロメットを活用して、タープ、グラウンドシート、ビビィサック(テントを使わずに寝るためのシェルター)、はたまたキャンプでの薪集めやハンモックとしても活躍するなど、アイデア次第でいかようにも使えるユーティリティアイテムです。

ハリのある表面は他メーカーのオールウェザーブランケットと違い、水を良くはじき滲ませないのが特徴で、急な豪雨でも確実な避難所を作ってくれます。また体温の95%を反射するエマージェンシー機能も備わっていますので、タープなら上からの熱反射、グラウンドシートなら地面の冷えを地面に返す役割を担います。

De I'm
デ・アイム

「デ・アイム」は、ナリス化粧品の美容機器、スキンケア製品、最新コスメを自由にお試しできる場所です。

本格セルフエステ
¥1,620 税込
充実の11ステップ

セルフエステの流れ
1. カウンセリング
2. 洗顔・クレンジング
3. イオンスチーム
4. イオンスチーム&マッサージ
5. イオンスチーム&サクション
6. イオンスチーム&キッシング
7. ふきとり用化粧水（メガビューティ）
8. ビューティプロソニック
9. 保護化粧水（メガビューティ）
10. 乳液（メガビューティ）
11. メーク

キレイのこだわり3つのポイント

Point 1 低価格で、かんたんキレイ — 気軽に通えて便利♥

Point 2 自由に試せるいろんなキレイ — エステも♪メークも♪

Point 3 丁寧なアドバイスでサポート — 何でも聞けて安心★

▲3種類の本格美容機器を使用！　▲新製品も！メークは自由

お近くの県内『デ・アイム』各拠点をご利用ください。《要予約》

De I'm ナリスビューティスタジオ

デ・アイム 秋田

秋田市中通1-3-5
秋田キャッスルホテル1F
営 10:00～19:00
休 火曜日　駐 あり
tel 018-836-3906

Present
ご予約時に〈防災キャンプのすすめの広告を見た〉と伝えていただいた方全員に
スキンケアサンプルをプレゼント！

De I'm ナリスビューティステーション

デ・アイム エミール

秋田市泉菅野1-20-23
富士ビル1F
営 10:00～19:00
休 日曜日　駐 あり
tel 018-874-7794

デ・アイム はーとまりあーじゅ

男鹿市船越
本町15-54 A号
営 10:00～19:00
休 月曜日　駐 あり
tel 090-9706-4324

デ・アイム 角館

仙北市角館町
中菅沢77-16
営 10:00～19:00
休 不定休　駐 あり
tel 018-874-7794

デ・アイム フェリーチェ

由利本荘市石脇
字田尻野2-64
伊藤コーポ101
営 10:00～19:00
休 不定休　駐 あり
tel 090-2799-7074

詳しくはHPをご覧ください！▶ http://www.deim.jp/　｜デ・アイム｜検索

第2章 防災キャンプを体験しよう!!

4 日用品を活用して"いのちをつなぐ"

1. 水をつくる　ペットボトル濾過器

　被災してライフラインが止まると、「水」の確保に困ってしまうことがあります。

　どうしても水が足りない、すぐに何とかしなくちゃ、となれば、雨水や、場合によっては泥の混じった水を使うしかない、ということだってあります。でも、そんな水はそのままではもちろん飲めないし、体を拭くことだってできません。

　ここでは「いざ」という時に、汚れた水をきれいにするための「簡易ろ過装置」を紹介します。

用意するもの

- ペットボトル
- 丈夫なヒモ
- 粒状活性炭
  （ない場合は、小石などで代用する）
- 丸箸1本
- カッター
- ライター
- 千枚通しやキリ
- ガムテープ
- 炭
- 綿
- バンダナなどの布

基本的なつくり方

①ペットボトル底部をカッターで切り取ります。

②切った縁の部分に左右に1か所ずつ穴をあけ、ヒモを通します。ガムテープで補強するとなお良いです。

③ペットボトルのキャップに丸箸の先端が刺さるくらいの穴を開け、キャップにガーゼを詰めます。※箸を折って栓にすると、使う分だけ水を出せます。

第2章 防災キャンプを体験しよう!!

④キャップを下にして活性炭をペットボトルの半分程度まで入れます。
これで簡易ろ過器のできあがり。ヒモで吊るして水を静かにいれ、キャップに差し込んだ丸箸をぬくと水が少しずつ出てきます。ガーゼと活性炭は週に一度は10分間煮沸しましょう。

災害時の作り方

①〜③までは同じです。
非常時には粒状活性炭を用意するのが難しいので、手に入りやすいものを工夫して作ることになります。
④一番下に洗った小石を入れ、次に焚き火の燃えかす、砂・砂利、布(ハンカチやバンダナ)の順番で入れます。
これで風呂の残り水、河川水などをろ過することができます。

⑤竹竿を3本用意し、一本ずつバラバラにならないように縛ります。

⑥三脚のように開いて立てることで、濾過器のスタンドとして使うことができます。

ポイント

災害の現場では、案外、この濾過器を吊す場所が見つからないものです。そんなときは、上のように竹竿などの長めの棒を使ってスタンドを作りましょう。

2. 暗闇を照らすサラダオイルランタン

　非常用として、「懐中電灯」や「ランタン」あるいは「ロウソク」などを備えている家庭は多いと思います。しかしどの家庭でも家族全員の人数分は揃っていなかったり、いざと言う時に電池切れになっていたり、ロウソクをすぐに使い果たしてしまったといった体験談をよく聞きます。そこで紹介したいのが「手作りランタン」。安全で、しかも意外なほど長もちするランタンが、身近な材料を使ってほんの2～3分で作れます。

用意するもの
・空き缶（ガラスコップだとなお良い）
・ティッシュペーパー
・アルミホイル
・サラダ油（食用油ならOK。キャノール油でも可）

基本的なつくり方

①ティッシュとアルミホイルを一緒に細長く巻いていき、芯を作ります。

②上部を完全に取り去った空き缶やガラスコップの底に、深さ5mm程度、サラダオイルを入れます。

③サラダオイルに浸しながら外周に沿った形で芯を置き、3〜5cmほど立ち上げておきます。

④芯の立ち上がった部分に火をつけます。熱いので火傷に注意しましょう。

第2章 防災キャンプを体験しよう!!

⑤子ども達にも実際に作ってもらいました。

⑥ランタンの転倒防止と風除けのために、石などで囲います。

> **ポイント**
> ・食用油の発火点は360℃といわれていますが、油そのものの温度は常温なので、器が倒れても油に火がつくことがない、という安全性が魅力です。サラダ油の量の目安 は3時間で5g程度です。
> ・蓋付きのガラス製のプリンカップに芯を入れて常備しておけば、いざという時に蓋を取り、サラダ油を入れて点火するとすぐに使えて便利です。何よりも、ガラス製プリンカップは点火したときに可愛いし、停電が長引いた場合にも心がホッとします。

3. ペットボトルで皿とスプーンをつくる

　災害で食器が手元にないときや、食器や皿を洗えないときなどに役立つ、使い捨てできるお皿とスプーンの作り方を紹介します。
　材料はペットボトル。防災知識として知っておくと便利ですし、一度作ったことがあるとパニック状態にならず、落ち着いて対応できますよ。

用意するもの
・ペットボトル　　・カッターかハサミ

皿のつくりかた
　ペットボトルの胴体を、好きな深さのところで切るだけです。
　「なーんだ、そんなことか」と思われるかもしれませんね。カッターで切る場合は、ペットボトルの表面が滑りやすいので注意してください。断面が四角いペットボトルを使うと強度があるので使いやすいでしょう。

第2章 防災キャンプを体験しよう!!

スプーンのつくりかた

① 皿があっても手づかみでは食事がしにくいので、今度はスプーンを作ってみます。ペットボトルの曲面部分…たとえば底に近いところや注ぎ口に近い「肩」の部分を利用します。油性ペンがあれば、あらかじめどこを切るか、線を引いておくと良いでしょう。

② 曲面部分にすくう部分を描き、そこから手で持つ部分を描きます。折り曲げるので少し幅を広めにしてください。

③ 線に沿ってハサミやカッターを使って切りますが、底の部分はプラスチックが厚くなっており、切り取りに力が必要なので注意してくださいね。

④すくう部分は口に当たるので、ライターなどで少し熱して切り口を溶かし、なめらかにします。熱しすぎると丸く曲がってしまったり溶けてしまったりするので、短い時間でサッと熱してください。

⑤持つ部分を縦に折り曲げて、強度を出します。輪ゴムなどがあれば止めてしまうとラクですね。

4. 空き缶でごはんを炊く

被災して避難所での生活が始まると、防災用に用意していた食品を食べたり、配布される食品を待ったりすることになりますが、そうしたもののほとんどは、レトルトや缶詰などの日持ちのする保存食。こればかり続くと「そろそろ炊きたてのごはんが食べたいなあ」という気持ちになっちゃいます。そんな時、保存用にお米さえ用意できていれば、周辺にあるありふれたもので、おいしいごはんを炊くことができるんです！

用意するもの

- 空き缶（アルミ缶）
- 牛乳パック（乾燥したもの）
- お米 … 1合（150〜160g）
- 水 ………（180〜190ml）
- 缶切り
- アルミホイル
- ライター

炊飯の準備

①アルミ缶を2缶用意します。1つは「釜」になり、もうひとつは「コンロ」になります。どちらも缶切りでコップ状に上部をくりぬきます。

②「コンロ」の缶は、上と下に二つずつ、カッターで穴を開けます。とても危ない作業なので、大人が丁寧にやるようにしましょう。キリなどでガイドの穴を開けながら切ると、ラクに切ることができます。

> 炊飯

③お米をとぎます。水が出る洗い場があれば、そこで洗います。洗い場がない場合は、炊飯釜にお米を入れ、水とわりばしを使ってとぎます。手で押さえて振ってもできます。

※無洗米を使う場合は、とがずに使用できます！

④お米と水を「釜」に入れ、アルミホイルですきまなくフタをします。水の分量は、お米1合（150～160g）に対して、約1.2倍（180～190ml）を使います。アルミホイルでフタをする時は、穴があかないように注意しながら、缶の口にぴったりと密着させて、沸騰したときにお湯が吹きこぼれないようにしましょう。

第2章 防災キャンプを体験しよう!!

⑤ コンロの燃料を準備します。牛乳パックを細かく短冊状に切ったものを使います。どんどん燃えますので、できるだけたくさん用意し、火勢が弱くなる前に継ぎ足していくと良いでしょう。

⑥「コンロ」の上に「釜」を乗せ、「コンロ」に燃料を入れて火をつけます。火をつけてから25～30分間後には、おせんべいのようなこうばしい香りがしてきます。

⑦ 香りがしたら、中のご飯がこぼれないように注意しながら空き缶を逆さにします。10分ほど待つと中のご飯がほどよくむれて、おいしいご飯のできあがりです。

⑧美味しく炊けたご飯をいただきます！

> **注意**
>
> ・火をつけたアルミ缶はとても熱くなりますし、想像以上に火勢も強くなるので、子どもだけで作業するのは危険です。主な作業は必ず大人が行ってください。
> ・一酸化炭素中毒の危険があります。窓を閉めた家の中での炊飯作業は絶対にしないでください。また、倒れた場合は引火する可能性があります。
> ・何度か実践してみて、風をよけて、安定した場所に置いて使わないといけないと感じました。震災時の余震が続いている時期には、使用を控えるべきかもしれません。

5．ビニール袋（災害救護用非常袋）でごはんを炊く

　飲料水が限られているキャンプなどのアウトドア、災害時などでの調理には、普段と異なる調理方法が必要となる場合があります。
　制限された状況の中で調理するために、ビニール袋をおおいに活用してみましょう。
　食器を汚さず、お湯を沸かす環境（装備）があれば調理でき、しかも水が直接食品に触れないので、きれいな水である必要がありません。いざという時のために覚えておいて損はありませんね。
　ここでは基本中の基本、「お米をご飯にする」方法を説明します。

用意するもの
- チャック付きのストックバッグ（冷凍保存用）
- ポリエチレン製の普通のストックバッグ（ビニール袋）
- 輪ゴム
- 米

炊飯の方法（1人分）
①まずは、非常用の炊飯用ビニール袋を使ってみます。袋の中に、米1合を入れます。

②米と同量〜200cc程度の水を入れます。

③袋の口をゆるく縛って30分ほど浸しておきます。袋は、口を閉じた後で輪ゴムで縛ります。

第2章 防災キャンプを体験しよう!!

④普通のビニール袋を使う時は、万が一破れた時のことを考えて、二重にして使うと良いでしょう。

⑤口は、2枚の袋を一緒に縛り、輪ゴムで留めます。

⑥鍋にお湯を沸かし、袋を入れます。

⑦季節や好みの固さなどの要件によって時間は変わりますが、おおよそ15分〜20分程度茹でるとごはんの完成です！

※非常時はこのまま食器代わりにして直接食べると汚れ物が出なくて助かります。
※食品とお湯は直接触れる訳ではないので、飲料水の確保が容易でない場合には、飲用に適さない水を使用する事もできます。
※きれいな水が手に入る場合は、煮炊きの調理後にスープやコーヒー、お茶などの飲用に再利用できます。

> **ポイント**
> ・温める際、火は強すぎないように調整しましょう。イメージとしては、鍋の底に火が当たる程度。
> ・鍋の側面まで火が回るような火力だと、ビニール袋が溶けてしまう恐れがあります。
> ・また、袋が破れるのを防ぐため、鍋底にお皿かシリコン製の落し蓋を置くと良いです。

第2章 防災キャンプを体験しよう!!

6. 0円で降り注ぐエネルギー　太陽炉をパイロンでつくる

　「ソーラークッカー」と呼ばれる太陽熱を利用する調理器具が市販され、千円未満の実験キットから数万円までの本格的なものまで手に入ります。燃料を必要としないので、防災グッズとしても注目を集め始めています。

　でも、それほどしっかりとした道具がなくても、０円で天から降り注ぐ太陽熱を使って簡単な調理をしたり、飲食物を温めたりすることができるんです。

　使うのは、道路や駐車場などでよく見かける三角コーン（パイロン）。避難生活で燃料を十分に使えない時など、覚えておくと便利なことはもちろんですが、アウトドアで晴れたり曇ったりする空を眺めながら、コーンを太陽の傾きに合わせて動かし、ソーラークッキングを楽しんでみませんか？もしかしたらあなたの「太陽に寄り添った暮らし」が見えてくるかもしれません！

用意するもの
・駐車場や工事現場にある赤色のコーン（パイロン）
・アルミホイル

> **太陽炉の作り方**

①コーン(パイロン)の内部にアルミホイルをぴったり貼り付けます(私はセロテープで貼り付けました)。

②中に温めたいものを入れます。写真では、缶コーヒーを入れています。

第2章 防災キャンプを体験しよう!!

③コーン(パイロン)の口を太陽のほうに向けます。15分に1回くらい太陽の方向にあわせてコーンを動かしてください。天気次第ではありますが、缶コーヒーなら30分くらいでアツアツに、ラップにくるんだサツマイモは約1時間半でホクホクの焼き芋になります。

ポイント

- すぐに温度が高くなるので、ペットボトルを直接入れると変形してしまいます。
- 黒い容器は早く(といっても時間はかかりますが)お湯を作ることが出来ます。
- 風が強いときはコーン(パイロン)の入り口にラップを張って中の空気が入れ替わらないようにします。
- 外気温が低いときはコーンの先端付近を布やプチプチのクッション材、発泡スチロールの容器などで断熱してやると早く温まります。
- 内部はかなりまぶしいので、反射面をなるべく見ないようにしましょう。※意外なほど熱くなります。やけどに注意しましょう。

7. ゴミ袋カッパ(簡易レインコート)

災害時、避難の時にレインコートなどを持っているとは限りません。悪天候でも活動しなくてはならないのですが、「傘もないし、いいや」と開き直ってずぶ濡れになると、健康を害する場合もありますね。

そんなとき、大きめのゴミ袋が2枚あればなんとかなるのです!

被災時に限らず、アウトドアでは急な天候の変化にも涼しい顔で対応したいもの。ぜひ覚えておいてください。

材料(カッパー着あたり)
・ポリ袋 2枚　・ハサミ

1.フードの作り方

①まずは「フード」をつくります。ポリ袋に入れる切れ目は右図の赤線の通りです。

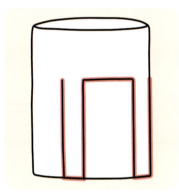

②ゴミ袋の底(閉じた方)を手前に、開き口を奥にして縦方向に置き、袋の底から縦にハサミを入れていきます。

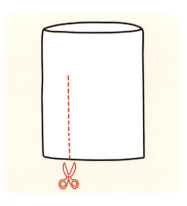

第2章 防災キャンプを体験しよう!!

③縦方向に3箇所ハサミを入れます。
　左から一本目と二本目の間隔は5センチほど、三本目と右端の間隔も5センチほど空けてください。それほど厳密でなくて構いません。

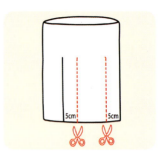

④真ん中の長方形を切り落とします。切り落とした部分はもう使いません。

⑤左から一本目と二本目の間で輪っかになっている部分を、ハサミで切り開いてください。

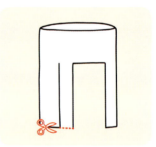

⑥さらに右端の部分も、先ほどと同じように切り開き…。

⑦そのまま縦方向に、袋の右端の閉じている部分を全て切り開いてください。

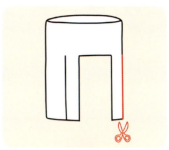

⑧まずはフードの完成です。
※左側に残っている大きな部分が頭のフード、真ん中のヒモがあごひも、右のヒモが体の前をとめるひもになります。フード部分といっても、実際にかぶってみると、肩まですっぽり入るくらいの大きさがあります。

2. ボディー部分の作り方

①ゴミ袋の底を上にして、折り山が左にくるように半分に折りたたみます。線で印をつけた分を切り取ります。黒線は頭、赤線は腕を出す部分です。

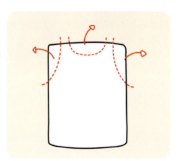

第2章 防災キャンプを体験しよう!!

②ノースリーブのシャツのような形に
なってできあがりです。

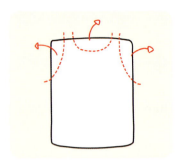

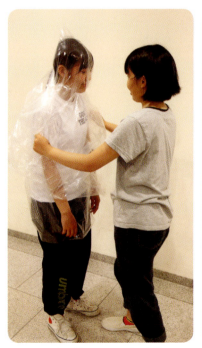

フードを先に着て、上からボディをかぶるとカッパの完成です。これで雨
なんか怖くない！

8. 避難所に「自分の空間」を作る

　避難所では、小さく仕切られて畳が敷かれた部屋は少なく、体育館などの広いスペースで板張りの床に直接寝なければなりません。そんなときに役立つものが、ダンボールです。

　ダンボールは、支援物資が入っていた箱が積まれていたり、身近で手に入りやすい材料だと言えるでしょう。

　これらを使って、間仕切りを作ります。

　ぼくらが特に意識して行っている、避難所のプライベート空間づくりのポイントは、「女性の視点」です。

　災害時は大勢の方が様々なところに避難しますが、避難所になっている学校の体育館や公共施設のようなところでは、プライバシーの確保が大切です。

　特に女性の場合、着替えや就寝の安全、生理時の処置の際など、配慮しなくてはいけないことがたくさんあります。赤ちゃんの授乳時には胸をはだけますし、妊娠している女性はゆっくり休みたいものです。そんな時に手軽に作ることができてとても役立つのが「ダンボール間仕切り」です。

材料
・大きめのダンボール箱（プラスチック製ダンボールも可）
・ガムテープ
・カッター

基本的な作り方

①ダンボール箱を、中芯の方向に沿って75cm〜80cmほどの幅で板状に切りとります。これは「脚」になるので、間仕切り1枚を作るごとに2枚必要です。

②中心の方向に沿って三角に折り、ガムテープで留めます。

③長辺の真ん中に、1cm幅の溝を切ります。

④脚を2本並べて、溝に板状のダンボールを差し込めば、間仕切りのできあがりです。

第2章 防災キャンプを体験しよう!!

プラダンの場合

プラダンは紙のダンボールに比べて非常に頑丈ですが、加工するには手間がかかりますし、切り口が尖ったりして危ないことがあります。

断面のすき間に割りばしを差し込むことで連結し、その差し込みの位置をずらすことで十字に組み合わせ、ガムテープで補強して立たせるとよいでしょう。

ポイント

- ダンボールは間仕切りだけでなく、何個かつなぎ合わせることでカプセル状の寝床にもなりますし、クッションや断熱材としても使えます。
- ダンボールは表の紙（表ライナ）と裏の紙（裏ライナ）の間に、中芯という波型の紙が挟まった構造になっています。
- この中芯の部分が、クッションや断熱材の働きをするのです。寒い避難所で眠るときに特に重要なのは断熱性。冬に掛け布団を何枚重ねても背筋が寒いことがありますが、これは下から冷えが入ってくるからです。
- 眠っているときの体の熱は、掛け布団からより敷布団から多く逃げていくことを覚えておいてください。毛布や布団が足りないときには、床に敷くだけでなく、体にも巻きつけると少し暖かくなりますよ。

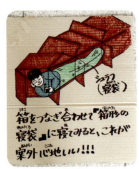

第3章 災害時に役立つアウトドアクッキング

第3章　災害時に役立つアウトドアクッキング

1 災害時の食事

災害時こそ、バランスのとれた食事を意識しましょう！

　災害時は、いつもと違う環境やストレスなどで体調を崩しやすくなります。また、食事は空腹を満たすことや保存性などに重点がおかれ、炭水化物に偏りがちですが、長期化する避難生活やその後の復旧作業を考えると、限られた環境の中でも、バランスのとれた食事を意識することは重要です。限られた環境の中でも、日ごろの食事に近づける工夫を学んでおきましょう！

　大規模な災害の場合、水、電気、ガスなどのライフラインが途絶えます。道路が寸断されると食料品の入手が困難になり、手元にある食品だけで過ごさなければなりません。

　そのような時、適切な備蓄と限られた食品をもとに食事を作る知識が、あなたの強い味方になります。ここでは、あまり面倒でない備蓄や、もしも災害にあった時に、過ごせる食事の工夫などの役立つ情報を紹介します。

　ライフラインが寸断され、限られた環境や道具でも、衛生的で簡単に調理して、バランス良く食事を摂ることが大切です。日ごろから使っている乾物や缶詰も活用でき、工夫次第でさまざまにバリエーションが広がります。

　災害が起こってからではなく、平常時に作り方を習得しておくと安心です。特に電気もガスもない災害時は、カセットコンロやシングルガスバーナーは役立ちます。

調理する際の注意点と工夫

衛生面での注意

①手を清潔に。食事の準備や食事の前には手を洗いましょう。手洗いの水が十分にないときは、ウェットティッシュなどで手をふきましょう。

②なるべく食べ物を直接さわらず、ポリ袋やラップなどを活用しましょう。

③生水は飲まないようにしましょう。

④給水車やペットボトルの水など、衛生管理の行き届いた水を飲みましょう。

⑤ペットボトル等から飲むときは、直接口をつけないようにしましょう。

⑥停電した冷蔵庫に入っていたもの、生もの、食べ残し、鮮度があやし

いものなどは食べないようにしましょう。

⑦消費期限は開封前の期限です。開封後は早めに使いきりましょう。

⑧加熱できる場合は、なるべく加熱してから食べるようにしましょう。

調理の工夫

①洗い物を減らすため、油料理を少なくし、煮物や焼き物を中心にします。

②キッチンばさみやピーラー（皮むき器）、スライサーなどで切ります。

③まな板の代わりに、開いた牛乳パックなどをを使います。

④乾物はビニール袋の中で、少量の水で戻します。

⑤混ぜたり、和えたりの作業をするときもビニール袋を使います。

⑥フライパンやホットプレートには、クッキングシートを敷いて焼きます。

盛付けの工夫

①大皿盛りにし、できるだけ洗い物を減らします。

②皿の上にラップやホイルを敷き、食器が汚れないようにします。

③食器や鍋類は水につけ置き、まとめて洗います。

④ティッシュなどで汚れをふき取ってから洗うと洗剤を使う量を減らせます。

ポイント

ペットボトルのキャップ約2杯分が、大さじ一杯分と同じ量になります。ペットボトルのキャップは規格が統一されていて、一つのキャップで約7.5cc入ります。大さじ一杯の量は、15ccになるので、ペットボトルのキャップ2杯分になります。またティースプーンが約5ccになるので、ティースプーン3杯分の量でも大丈夫です。ぜひ試してみてください。

第3章 災害時に役立つアウトドアクッキング

2 ごちそうレシピ集

超一簡単！アウトドア料理

　贅沢な食材をたくさん買い込んで、リッチなバーベキューをやるのももちろんアウトドアの醍醐味です。

　でもここではあくまでも「防災」をキーワードに、いざというときに手に入りやすいものや、備蓄しておいた食材を活用する、という前提で考えたレシピの一部を紹介します。

　人は食べずには生きていけませんが、被災するとしばらくは、支援物資による単調な食事が続く可能性もあります。そんな時、それらをアレンジして少しでも楽しく食事ができれば、どんなに気持ちがラクになることでしょう。

　「えっ、こんなものが、ちょっとした工夫でこんなにおいしいごはんになるの？」と驚いてしまうようなアウトドア料理＝防災レシピの数々。

　普段の食卓で試してみても、きっと面白いはず。何も言わずに食べてもらってからタネあかしをするのも、きっと楽しいですよ。

1. コンビニおにぎりとツナ缶で激ウマチャーハン　〜おにぎり大変身

　支援物資でおにぎりが手に入ったけれど、毎日そればかりでそろそろ飽きてきてしまった、というような状況をイメージして、ツナ缶とあわせてチャーハンを作ってみます！

材料
・コンビニおにぎり
・シーチキンの缶詰

第3章 災害時に役立つアウトドアクッキング

つくり方

① シーチキンの油を少しフライパンで熱します。

② コンビニおにぎりの海苔は、いったん外します。

③ フライパンで調理開始！

④コンビニおにぎりを
ほぐししていきます。

⑤ほぐしながら、シー
チキンを加えていき
ます。

⑥おにぎりの具も、味
付けに参加してもら
いましょう。

第3章 災害時に役立つアウトドアクッキング

⑦ここで、おにぎりの海苔を使います。

⑧刻んで混ぜて少し炒めて…。

⑨できあがり♪ シーチキンと海苔は相性が抜群にいいです！

2. 焼き鳥缶で親子丼　〜食べて納得のホンモノ感

　缶詰を備蓄している人は多いことと思います。もしその中に焼き鳥缶があったら、そのまま食べるのももちろん美味しいけれど、卵とあわせて親子丼にしてみるというのはいかがでしょう？

材料
・やきとり缶
・たまご
・レトルトごはん

第3章 災害時に役立つアウトドアクッキング

つくり方

①まずはごはんを用意して温めておきます。

②卵は割って、溶いておきましょう。

③焼き鳥缶を炒めます。全体に熱が回るくらいでいいでしょう。

④焼き鳥に溶き卵を流し入れて、お好みの硬さまで熱します。

⑤温めたごはんの上に、豪快に乗せます。

⑥できあがり！

第3章 災害時に役立つアウトドアクッキング

⑦見た目も豪華で、確実に美味しい親子丼ができちゃいます！

ポイント

たれの味が濃いので、調味料を加える必要がありません。

3. ビッグカツ丼 　〜もはや駄菓子ではない！トンカツなのだ!

　誰でも知ってる駄菓子の王者「ビッグカツ」。これをホンモノの「カツ」だと思って食べている人は多くはないと思います。しかし侮ってはいけません。ちょっとヒネリを加えるとあら不思議…。

材料

・ビッグカツ
・たまご
・たまねぎ
・レトルトごはん
・焼肉のたれ

第3章 災害時に役立つアウトドアクッキング

つくり方

①タマネギを刻みます。泣かないでね。

②続いてぼくらの「ビッグカツ」登場！

③ビッグカツは、お好みの幅で切ります。

④卵を割って、溶いておきます。

⑤タマネギを炒め、しんなりしてきたら…。

⑥ぼくらのビッグカツを投入！

⑦めんつゆや焼き肉のたれなど、手に入る調味料を適量入れて味を整えます。ビッグカツは味が濃いので入れすぎ注意！

⑧水を少量加えて強火で煮ます。

⑨グツグツしてきたら、溶き卵を均等に入れます。

⑩火が通ったら、あらかじめ温めておいたごはんにかけて。

⑪カツ丼ではありません。「ビッグカツ」丼です。

⑫「何これ！まさかと思ったけど美味しい！」意表をつく美味しさです。

第3章 災害時に役立つアウトドアクッキング

4. じゃがりこ餅　〜あのスナック菓子がおかずに大変身！

　登山など、アウトドアに詳しい人から愛されている「じゃがりこ」。水を加えて煮詰めると、美味しい「マッシュポテト」そのものに変身するのです。今回はさらにひと工夫して、もちもちとした食感の別の食べ物にしちゃいます！

材料
- じゃがりこ
- 片栗粉
- サラダ油

つくり方

①じゃがりこのカップ、にお湯をじゃがりこが半分浸かる位入れます。

②スプーンでほぐします。

③片栗粉を入れて混ぜ一口だいに丸めて平にします。

第3章 災害時に役立つアウトドアクッキング

④油を引いたフライパンで焼きます。

⑤両面に焼き色がつくくらいに。

⑥お好みでちょっとだけ醤油を加えます。

⑦醤油の香ばしい匂いが立ち込めてきます。

⑧完成！しっかり焼けばカリカリに。その一歩手前だと餅のような楽しい食感が楽しめます！

5. 餃子の皮でクリスピーピザ　〜たまには贅沢にイタリアン！？

　餃子の皮は僕らの味方！なんでも包んで美味しくしてくれる魔法の食材！…ですが、今回はこれを生地代わりにしてピザを作ってみましょう！

材料

- 餃子の皮
- とろけるチーズ
- ベーコン
- オリーブオイル
- 玉ねぎ
- トマトケチャップ（焼肉のタレでも可）

つくり方

①たまねぎは薄くスライスし、ベーコンは短冊切りにする。

②フライパンにオリーブオイルを入れて、餃子の皮をオリーブオイルにつけながら並べます。

第3章 災害時に役立つアウトドアクッキング

③たまねぎとベーコンを乗せて中火弱で焼きます。

④続いて、チーズを乗せて焼きます。

⑤火加減に注意しましょう。

⑥味付けはケチャップがあればよいのですが、今回はたまたま手元にあった焼き肉のたれを使ってみます。

⑦なんだかごちそうができる予感がします。

第3章 災害時に役立つアウトドアクッキング

⑧皮が焼けてきたら蓋をして蒸し焼きにします。玉ねぎがしなっとしてきたらOK。

⑨なんと、見た目は意外なほどの「ピザ感」！おそるおそる食べてみても、やっぱりピザ！ピンチヒッターのはずの焼き肉のたれが、いい仕事をしてくれました。美味しい！

> **ポイント**
> ベーコンをカリッとしたい場合は、フライパンの空いている部分にベーコンを乗せて焼き目をつけてから皮の上に乗せ、その後チーズを乗せるとカリッとした食感になります。

6. まるごとオニオンスープ 　〜間違いのない一品

　使うのはタマネギとコンソメスープの素。これだけで、ひっくり返るほど美味しいスープができちゃいます！

つくり方
①まずは、玉ねぎの皮むきから。

第3章 災害時に役立つアウトドアクッキング

②お湯が充分に煮立ってきたところでコンソメスープの素を入れます。

③火加減に注意しながら、煮込みます。

④玉ねぎが柔らかくなったら完成。

⑤ せっかくなので、アツアツをいただきましょう。

⑥「やばい。美味すぎる！」ご家庭でもぜひ一度お試しください。

> **ポイント**
>
> コンソメスープの素は、いざというときの頼もしい味方。タマネギだけでなく、さまざまな野菜、ベーコンなどを入れるだけではなく、ごはんを入れておじやにしても美味しいですよ！

6. 玉ねぎを豪快に焼く　〜必要なのは、勢いだけ！

　最後に紹介するのは「料理」と言えるほどの工夫は何一つ必要なしの、ただ「焼く」だけの簡単レシピ。でもみなさん、もしかして玉ねぎの実力を侮ってはいませんか？

つくり方

① 玉ねぎを洗って、十字に切り込みを入れる。

②皮付きのまま、玉ねぎをアルミホイルで包み…。

③これをそのまま火に入れて豪快に焼きます。

第3章 災害時に役立つアウトドアクッキング

④やけどに注意しながら、玉ねぎを取り出します。

⑤出来上がったら、バターを切込みにのせて、塩、黒こしょうをかけて完成。

⑥どうです?美味しそうでしょう!

⑦アツアツのホクホクをいただきます。これが本当に美味しいのなんの。イベントなどで販売したくなるほどです!(笑)

第4章 防災キャンプのリスクマネジメント

第4章 防災キャンプのリスクマネジメント

① 防災キャンプを安全に楽しもう

1. 安全を確保しよう!!

　自然体験活動には、気象条件などにより数多くのリスクが存在します。

　「よくないことが起こりそう」と感じたときは、そこに何らかのリスクが存在していると考えるべきでしょう。

　このリスクをゼロにすることはできませんが、リスク発生の確率をできるだけ低く抑えたり、想定されるリスクの有無や大きさを事前に把握して、回避する方策や適切に対処するための技術を用いるなど、できる限りの対策を講じることは、運営する側の責務です。

　しかし、リスク回避ばかりに気を使うあまり「あれもこれもダメ」と言い過ぎると、今度は主体性が育たず、キャンプが持つ本来の効果が薄れてしまいます。大切なことは、リスクを有効な学びの題材とすることです。

　リスク回避のための準備と、リスクからも学んでもらおうとする姿勢のバランスを取るのは難しいところですが、ぼくらの場合は運営者のスキル向上とチームワークの習熟によって成立させてきています。

2. 防災キャンプは「自分の身は自分で守る」を意識したプログラム

　企画運営する際は、参加者の年齢や体力に合わせてスケジュールを組み、活動中は参加者の様子を観察しながらプログラムを進行します。

　たとえば夏の活動では、水分補給や飲食物の管理などのようなリスク回避のための配慮を運営側が十分に行い、参加者に対しては、活動ごとに考えられるリスクについて説明をします。そして同時に、赤十字救急法を学んでもらいます。

　これらのことにより、プログラムの進行中に、参加者自身がリスクを意識しつつ自ら事故を未然に防いだり、リスクに対応したりすることができるようになります。全体を通して、主体的に「安全」に取り組めるようなプログラムとなっているのです。

3. 事故事例に学ぶ

　リスク回避のためには、似たような条件下で過去に何が起きたかを知ることが大切です。

　ここでは、アウトドア活動での事故事例をいくつか紹介してみましょう。

水の事故

　海や川でのキャンプや魚釣り、水泳など水辺の活動は大変魅力的ですが、風、波、潮の干満、水量、流れなど自然の変化に対応できずに起こる事故が多いものです。

①事故事例

【雨による増水でキャンプ中の 18 人が流され 13 人が死亡】

　1999 年、神奈川県玄倉川の中州でキャンプ中の家族グループ 18 人が、降雨により増水した激流に流され、子どもを含む 13 人が死亡しました。

【遊泳域外、4 人が死亡】

　2016 年、石狩市の遊泳区域外の海岸付近で 4 人が死亡しました。現場は、岸から沖に向かって強く流れる「離岸流」が起こりやすいなど、危険性が指摘されていたエリアでした。

②事故を防ぐために

○海水浴の際は、危険な場所を確認し、近づかない

　海には、深さなどによって水温の変化が大きい場所や、潮の流れが激しい場所などがあり、「危険」「遊泳禁止」などと案内されています。「遊泳区域」とされていても、流れの方向や強弱、水深、そして自分の体力などを十分に考えて安全に泳ぎましょう。

○海水浴の際は、危険な場所を確認し、近づかない

　体調が優れないときや睡眠不足で疲れているときは、体に負担がかかり、事故につながる危険が高くなります。適度に水分を補給し、日陰で休息するようにしましょう。

第4章 防災キャンプのリスクマネジメント

○子どもだけでは遊ばせない

　水深が浅い場所でも、ほんの少し目を離した隙に子どもが転倒して溺れたり、波にさらわれたりすることがあります。必ず大人が付き添い、目を離さないようにしましょう。

○浮き輪で事故が起きる事もあります！

　「浮き輪をしているから安心」といった考えは危険です。
- ・浮き輪をつけて岩場から海に飛び込んだら、浮き輪がスッポ抜けて溺れた。
- ・浮き輪に腰掛ける状態で乗っていたら、バランスを崩しひっくり返った。
- ・波でひっくり返り、頭と足が逆になってしまった。
- ・いつのまにか海岸から離れ、潮に流されてしまった。
- …などの事故事例があります。

　2歳～5歳くらいまでは特に、浮き輪のサイズが適正ではなく、抜け落ちたり、ひっくり返ったりといった例が多いようです。友人同士で使い回したり、お兄ちゃん、お姉ちゃんのお古を使うなど、適さないサイズのものを使用することが事故につながります。

○監視体制・バディシステムで見守り

　乳幼児の場合、水深10cm程度でも溺れてしまいます。室内・屋外に関係なく、乳幼児が水の近くにいるときは目を離してはいけません。海水浴場やプールでは、大勢の目があるから安心のように思えますが、人の動きに紛れてしまい、溺れている姿が分からない場合もあります。絶対に一人にしない。それが大切です！

　ある程度の年齢の子どもでも遊泳時には2人組にし、常にお互いを見守るバディシステムを取り入れて、異変を素早く察知できるようにしましょう。

③安全な服装と装備

　活動に適した安全な着衣、ライフジャケット、マリンスポーツ用ウォーターシューズ（履き物）等を着用することで事故予防につながります。また、万一、事故が起こったときの連絡手段を確保するため、携帯電話を防水パックに入れて携行しましょう。

【ライフジャケットを選ぶ際のポイント】

○浮力が大切！

体の大きさに合ったものを選ぶことが大事です。特に子どもの場合は気をつけてください。目安は、子どもの体重の1割程度の「浮力」があることです。ライフジャケットの内側などに「浮力」の表示があるものを、体重に合わせて買い求めるようにしましょう。

○体に密着させる！

股下にベルトを通せるものを選び、さらに、肩や腰回りにあるベルトで体にジャケットをしっかり固定させます。ライフジャケットを体に固定できていないと、ジャケットだけが浮いて顔が水に浸かり、かえって危険です。水の中に入るとジャケットが緩むので、少しきついくらいに固定しましょう。両肩のジャケット部分を持ち上げた時に体からずり上がらず、抜けなければ大丈夫です。

落雷

雷雲は7～9月（夏季雷）に最も多く発生しますが、日本海側（特に秋田県から鳥取県）では11～3月頃に冬季雷と呼ばれる雷が発生します。雷が落ちやすい場所として山はもちろんですが、公園など身近な所も例外ではありません。また、海への落雷は突起物がないだけに大変危険です。

①事故事例

【キャンプ場に落雷、8人病院で手当て】

2005年、長野県松川町の青少年宿泊施設で、キャンプ中のグループが雨宿りした木造炊事場の柱に落雷。木の柱の側にいた中学生1人が一時心肺停止状態となり重症で入院。引率者2人と児童生徒5人が病院で手当を受けました。

②事故を防ぐために

雷は「高い所・高い物・高く突き出た物」に落ちやすい性質があります。建物の屋上・山の頂上だけでなく、周囲に高いものがないグラウンドや、平地が広がる公園・ゴルフ場・屋外プール・堤防・砂浜なども要注意です。

○雨宿りは危険です!!

建物の軒先で雨宿りすることは非常に危険です。建物に落雷してし

第4章 防災キャンプのリスクマネジメント

まうと、雷の電気は外壁を伝って襲いかかってくるからです。

○大きな木の近くは危険です!!
　雷が落ちやすいのは原則「背の高いもの」で、金属だから、水だから、というような性質によって落ちやすさが決まるわけではないそうです。木の下の雨やどりは大変危険ということになります。「ビル・高い物・木からは、できるだけ離れる」が原則です。

○テントの支柱、屋外のポールからも離れましょう!!
　キャンプ時に雷に遭遇したらテントの中に逃げるだけでは危険です。テントの支柱、屋外のポールからも離れましょう!

③雷が鳴り始めたら
○建物の中に避難する
　壁側から離れ、なるべく部屋の中心にいるようにします。また、洗濯・洗い物などの家事や、入浴は避けましょう。雷の電気は水道管を通ってくる可能性があります。

○自動車の中に避難する
　自動車がある場合は、自動車の中に入りましょう。車両に雷が落ちても、電気は自動車の外側を通って地面に逃げます。ただし、車内では金属部分には絶対に触らず、なるべく車の中心部に身を寄せる必要があります。

○近くに安全な空間がない場合
　木など、高いもののてっぺんを45℃以上の角度で見上げる範囲、かつ木の幹や枝から2m以上離れたところにいると、木は避雷針の役目をしてくれます。同時に、木に落雷があったとき、その雷の電流で感電しない距離をとった位置に避難することが重要です。その際に葉先や枝からも離れてください。木の表面を電流が流れるため、幹だけでなく枝や葉先にも電流が流れます。

○できるだけ姿勢を低くする
　できるだけ姿勢を低くすることが大切ですが、腹ばいになると地面との接地面積が大きくなるので危険です。数人でいる場合は、お互いが30mは離れた方が良いとされています。

気をつけてほしい、「ゼリー状の着火剤」の危険性

　屋外のバーベキューや焼肉パーティーなどで使われることが多い「ゼリー状の着火剤」ですが、やけどなどの事故が毎年、多数報告されています。

①事故事例

【着火剤が爆発】

　炭に火をつけ、1メートルほど離れた所に少し残った着火剤のポリ容器を置いたところ、15分位たった時に着火剤の容器が爆発して、首と右手にやけどを負う事故がありました。

②事故を防ぐために

○着火剤は引火しやすいことを覚えておこう

　メチルアルコール系を主成分としているゼリー状の着火剤は揮発性が高く、引火点が低くて燃えやすいのが特徴です。

○炎は見えにくいので注意

　着火剤は、炎が見えにくく煙もほとんど出ません。点火したものの、「火が消えてしまった」「量が足りない」などと勘違いし、補充しようとして手に持っていた着火剤に火が燃え移るケースが多く報告されています。

○どのようにすればよいのか

・一度火をつけたら、継ぎ足したり、火に投げ込んではいけません。

・キャップを開けたまま、火気の近くに置いてはいけません。

・時間を置くとどんどん揮発してガスになるので危険です。絞り出したら速やかに点火しましょう。

・換気の悪い場所で使用するととても危険です。

・火のついた着火剤が皮膚についた時、慌てて払い落とそうとすると、やけどの範囲が広がる可能性があります。湿らせた布などで上から押さえて火を消します。

　着火剤は便利ですが、使い方によっては危険であることを知っておくことが大切です。特に子どもに使わせないことは勿論のこと、絶対に、子どもの近くでは使用しないようにしましょう。

第4章

マクロビオティック 料理教室

Natural Kitchen
ナチュラル キッチン アンジェリカ
angelica

マクロビオティックは、自然農法の穀物、野菜をベースに、**自分が暮らす土地で採れたものを丸ごと食べる食生活**のこと。

身土不二 ✕ 一物全体

例えば玄米を主食に旬の野菜や海藻の入った味噌汁、プラス漬物などのシンプルな「正食」。また食材には、乾物類・豆類など保存性・栄養価の高い素材が多いのも特徴。水と少しの塩分があれば、万一被災した場合にも栄養バランスの整った「非常食」として活用できます。

料理教室の様子

料理の一例

当教室は2012年2月からIFCA国際食学協会認定教室となり、マクロビオティックの観点に基づいた料理教室を開催しています！
また、美容業界・芸能界など「美」や「食」に携わる人々が注目している下記の資格・講座も開講、講座終了後は、検定を受けて資格を取得することができます。

IFCA国際食学協会
マクロビオティック検定

A級資格取得講座
受講期間 6カ月
〈月1回通学/3.5時間〉
受講料 165,000円

S級資格取得講座
受講期間 6カ月
〈月1回通学/3.5時間〉
受講料 175,000円

※表示価格は2016年8月現在のものであり、すべて税別です。
※S級はA級認定後に受講可能となります。

IFCA国際食学協会
＊美容食学検定 A級・S級講座

NPO日本食育インストラクター協会
＊食育インストラクター認定証 4・3・2級

全国料理技術検定協会
＊料理技術検定証 初・中・上級

このほかにも各種料理教室を開催しています。
詳しくはホームページをご覧ください。▶▶▶

アンジェリカ 秋田 [検索]
http://cafe-angelica.com

IFCA国際食学協会認定教室
NPO日本食育インストラクター協会認定推進校
ナチュラル キッチン アンジェリカ
TEL.018-866-1041
〒010-1063 秋田市新屋勝平台5-24　E-mail：cafe_angelica@ybb.ne.jp

第5章 いのちを救うために

第5章 いのちを救うために

1 優しさを行動に

いのちを救う「赤十字救急法」

　人が倒れていたり苦しんでいるのを見かけたとき、あなたは何ができますか？心配だけどどうしていいのかわからず、声をかけられなかったという経験はありませんか？

　苦しんでいる人を助けたいという想いは、誰もが持っている優しい心です。赤十字の救急法は、その優しさを行動に移す自信と勇気を持っていただくように、救命・応急手当の知識と技術をお伝えするものです。

赤十字救急法とは

　病気やけがや災害から自分自身を守り、けが人や急病人（以下「傷病者」という）を正しく救助し、医師または救急隊などに引き継ぐまでの一次救命処置と応急手当を赤十字救急法といいます。

赤十字救急法

１）市民が行う一次救命処置と手当の基本
- ・手当の基本（観察、体位）
- ・心肺蘇生（胸骨圧迫、気道確保、人工呼吸）
- ・AED（※）を用いた除細動
- ・気道異物の除去

２）一次救命処置以外の応急手当
- ・急病の手当
- ・きずの手当（止血、包帯）
- ・骨折の手当（固定）
- ・搬送

※ AED：Automated External Defibrillator ／自動体外式除細動器

救命の連鎖

　救急車が要請を受けてから現場に到着するまでの平均時間は、全国平均で8.6分(平成26年中)です。呼吸や心臓が止まった人が助かる可能性は、時間の経過とともに低くなり、救急車が到着するまでの間に一般市民による一次救命処置が行われることが重要です。

　救命の連鎖とは、日常生活での心停止の予防はもちろん、傷病者を発見した時に状況を迅速に判断し、救急車をすぐに呼ぶことや市民による心肺蘇生やAEDを用いた除細動、医師又は救急車への引継ぎなど、救命のスムーズな連携を4つの輪に例えており、輪が途切れることなく繋がることにより、救命率が向上することを表しています。

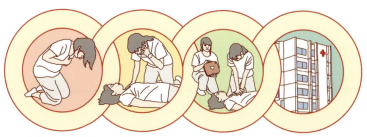

心停止の予防　　早期認識と　　一次救命処置　　二次救命処置と
　　　　　　　　通報　　　　（心肺蘇生とAED）　心拍再開後の
　　　　　　　　　　　　　　　　　　　　　　　集中治療

あなたも鎖をつなぐ一人になりましょう！

第5章 いのちを救うために

2 手当の基本

ぼくらにその場でできること、できないこと

　倒れている人を見たら、「大変だ！」と思うのは自然なことですが、そこで呆然としていると生命に関わることがあります。

　「何かできることはないか」と思って欲しいし、そんなとき、「やるべきこと」と「その順番」について、ぜひ覚えていてください。

その場でできること	その場ではできないこと
①心肺停止の予防 ②早期認識と通報 ③一次救命処置（心肺蘇生とＡＥＤ）	④二次救命処置と心拍再開後の集中治療

　二次救命から先は、プロの出番。

　ここからは、プロが駆けつけてくれるまでに「その場でできること」について、説明をします。

手当するにあたって

1. 観察をする

　倒れている人を見かけたら、最初にできることは状況を把握することです。

①周囲の状況を観察します。救助する自身の安全を確保するとともに、二次事故（災害）の危険性に注意します。

②傷病者の、生命の徴候の観察をします。

生命の徴候	こんな時は危険	直ちに！
・意識はある？ ・呼吸はしている？ ・脈はある？ ・顔色や皮膚は？ ・手足を動かせる？	・意識障害 ・気道閉塞 ・呼吸停止 ・心停止 ・大出血 ・ひどい熱傷 ・中毒	１１９番通報！ ＡＥＤの手配！

2. 安静にする

　傷病者の状態を悪化させないためには、身体的にも精神的にも安静にすることが大切です。

　体位をラクにさせ、原則として水平に寝かせます。

絶対にダメ
・乱暴な搬送
・不安を与える言動
・劣悪な環境
・身体的にも精神的にも安静にすることが大切！

3. 保温をする

　傷病者を床などに寝かせたままにしておくと、体温が下がり、状態が悪化することがあるので、できるだけ早い時期に保温します。

　・体温を保つようにし、全身を毛布で包みます。
　・地面や床など、下からの冷えに対する配慮も必要です。新聞紙などを敷くだけでも断熱の効果があります。

4. 飲食物は…

　飲食物は原則として与えてはいけません。

絶対に飲食物を与えてはならない傷病者	
・反応(意識)のない者	・頭部、腕部、腹部を損傷している者
・吐き気のある者	・すぐに医師の診療を受けられる者

　ただし熱中症、ひどい下痢などによる脱水のほか、ひどい熱傷などの場合には、むしろ水分をとらせる必要があります。その時は一度に多量の水は飲ませず、少しずつ与えます。

5. 一次救命処置(BLS:Basic Life Support)を施す

　傷病者の状態を確認して必要と判断した時は、迷わず胸骨圧迫や人工呼吸を行い、場合によってはAEDを使用するなどの一次救命処置を行いながら、救急車の到着を待ちましょう。

第5章 いのちを救うために

3 一次救命処置（BLS）の手順

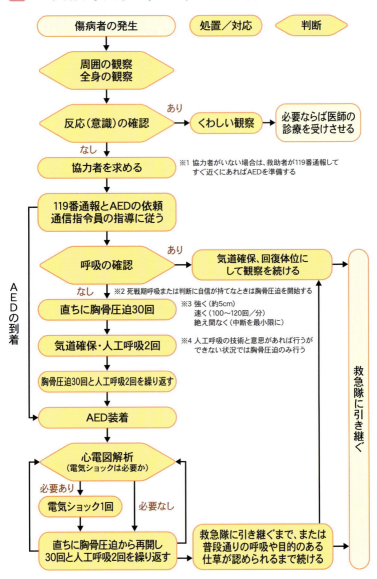

一次救命処置（BLS: Basic Life Support）

　一次救命処置とは、心肺蘇生（CPR: Cardio Pulmonary Resuscitation）や、AEDを用いた除細動など、心臓や呼吸が停止した傷病者を救命するために行う緊急処置のことです。

1.反応（意識）の確認
①大きな声をかけ、肩を軽くたたき、反応（意識）の有無を確認します。

②反応（意識）ががなかったり鈍い場合は、まず協力者を求め、119番通報とAEDの手配を依頼します。

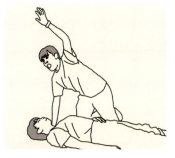

2.呼吸の確認
①呼吸を確認するために、傷病者の胸部と腹部の動きの観察に集中します。

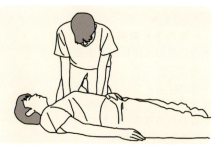

3.胸骨圧迫

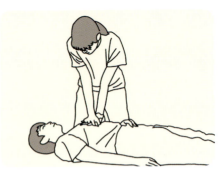

普段どおりの呼吸がない場合、あるいはその判断に自信が持てない場合は、胸骨圧迫を開始します。このとき、呼吸を確認するのに10秒以上かけないようにします。

①傷病者を固い床面に上向きで寝かせる。
②救助者は傷病者の片側、胸のあたりに両膝をつき、傷病者の胸骨の下半分（目安は胸の真ん中）に片方の手の手掌基部を置き、その上にもう一方の手を重ね、上に重ねた手の指で下の手の指を引き上げます。
③両肘を伸ばし、脊柱に向かって垂直に体重をかけて、胸骨を約5cm押し下げる。
④手を胸骨から離さずに、速やかに力を緩めて元の高さに戻す。
⑤胸骨圧迫は1分間あたり100〜120回のテンポで30回続けて行う。

4.気道確保

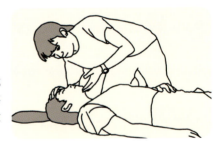

一方の手を傷病者の額に、他方の手の人差し指と中指を下あごの先に当て、下あごを引き上げるようにして、頭部を後方に傾けます。頚椎損傷が疑われる場合は、特に注意して静かに行います。

5.人工呼吸

一方の手を傷病者の額に、他方の手の人差し指と中指を下あごの先に当て、下あごを引き上げるようにして、頭部を後方に傾けます。頚椎損傷が疑われる場合は、特に注意して静かに行います。

①救助者は、気道を確保したまま、額に置いた手の親指と人差し指で傷病者の鼻をつまむ。
②救助者は自分の口を大きく開けて、傷病者の口を覆う。
③約１秒かけて傷病者の胸が上がるのがわかる程度の吹き込みを行う。これを２回続けて行う。（１回吹き込んだらいったん口を離し換気させる）
④人工呼吸を行った途端に呼吸の回復を示す変化がない限りは、直ちに次の胸骨圧迫に移ります。

6.胸骨圧迫と人工呼吸

心肺蘇生を効果的に行うために胸骨圧迫と人工呼吸を組み合わせて行います。

胸骨圧迫30回と人工呼吸２回を繰り返します。ＡＥＤを使用するとき以外は、心肺蘇生（特に胸骨圧迫）を中断なく続けることが大切です。人工呼吸をする技術または意思を持たない場合は、胸骨圧迫だけでも構いません。

7.AEDの使い方

国内でも非常に多い心臓突然死、その中で特に多いのが心室細動（心臓の痙攣）によるもので、発生した場合は早期の除細動（痙攣を抑える手当）が救命の鍵となります。

AEDは、電源を入れ、音声メッセージに従って操作し、コンピュータ作動によって自動的に心電図を判読して、必要な場合のみ、電気ショックによる除細動を指示する簡単で確実に操作できる機器です。

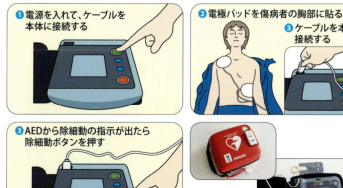

第5章 いのちを救うために

4 きずやけがの救急法

　ここから、日本赤十字社が整えた「いざというときの手当等の方法」の中で、代表的なものをセレクトして紹介します。

　災害時は、さまざまな傷病者に向き合うことになります。そんな時、誰もがすぐに対応することができれば、その人の命を守ることができたり、症状を重くすることなく回復に向かわせることができたりします。

　もちろん、あくまでも応急の方法ですから、そこから先はプロにバトンタッチすることになるのですが、ここでは「普通の人」である皆さんができることを、ぜひ知っていてほしいと思います。案外いろいろなことができるんですよ。

1. 止血

　人間の全血液量は、体重 1kg 当たり約 80ml あります。一時にその 1/3 を失うと生命に危険が及びます。

止血の方法

①直接圧迫止血が基本です。止血の際は、手にゴム手袋やビニール手袋を被せて、血液に触れないようにします。

②傷口の上をガーゼやハンカチで強く押さえて、しばらく圧迫します。包帯を少しきつめに巻くことでも圧迫して止血できます。

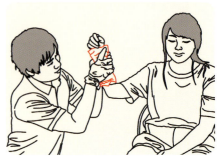

鼻出血の手当

①座って軽く下を向き、鼻を強くつまみます。これで大部分は止まります。

②額から鼻の部分を冷やし、ネクタイなどはゆるめ、静かに座らせておきます。

③ガーゼを切って軽く鼻孔に詰め、鼻を強くつまみます。

④出血が止まっても、すぐに鼻をかんではいけません。

⑤このような手当で止まらない場合は、もっと深い部分からの出血を考えて、医師の相談を受けさせます。

※鼻出血の場合、頭を後ろにそらせると、あたたかい血液が喉に回り、苦しくなったり、飲み込んで気分を悪くすることがあるので、上を向かせないようにします。

※頭を打って鼻出血がある場合は、止めようとむやみに時間をかけるのではなく、手当とあわせて直ちに 119 番通報します。

2. 三角巾の使い方

額や頭の周囲

①適当な幅のたたみ三角巾を作り、患部に保護ガーゼを当て、その上を押さえます。

②端を、それぞれ後頭部に回して前にもってきて、患部を避けたところで結びます。

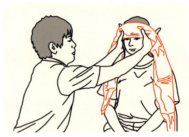

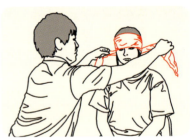

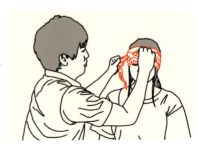

`頭頂部`

①患部に保護ガーゼを当てます。三角巾の底辺を3cmくらい折り、折った方を外側にして、頂点が頭の後ろにくるように患部にかぶせます。

②外側に折った底辺を額に当てます。底辺を押さえながら指を耳のあたりまでずらし、後頭部にかかっている三角巾を耳のあたりでまとめます。

③端を片方ずつ後頭部に回して前までもってきます。前まで回した両端を額の中央で結びます。

④後ろにたれている三角巾の頂点を2回程度折りたたみます。

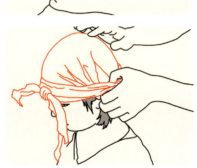

⑤折りたたんだ三角巾を後頭部に巻いた三角巾の中に差し込みます。

側頭部

①適当な幅のたたみ三角巾を作ります。中央部を患部の保護ガーゼの上に当て、一方の端はあごの方へ、他方の端は頭頂部へもっていきます。

②あごの方の端と頭の方の端を、反対側の耳のやや上で交差させ、一方の端を額の方へ、他方の端を後頭部に回します。

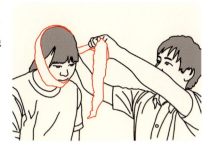

③両端を受傷側にもってきて、患部を避けたところで結びます。
※頭頂部の包帯法も、ほぼこれに準じます。

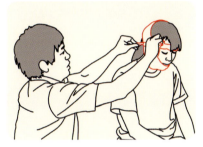

● 胸
①胸を怪我している場合の傷の保護をします。

②患部に保護ガーゼを当てます。受傷側の肩に頂点が当たるように三角巾を当て、患部の大きさにより底辺を適当に折ります。

第5章 いのちを救うために

③両端を背部に回して、頂点の当たっている肩の下で結びます。

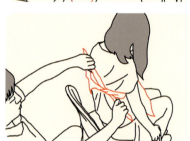

④結んだ端の長い方を上に引き上げ、肩の上で頂点と結びます。
※肩の場合は、前後を変えて、同じ要領で包みます。

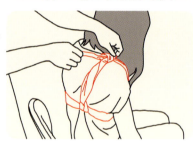

肩

①「たたみ三角巾」（ひも）を、もう一枚の「開き三角巾」の頂点に当て、しっかり折り込み、底辺を上の方（ひもの側）にたくし上げます。

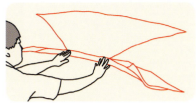

②肩にあてて、「たたみ三角巾」（ひも）の両端を反対側のわきの前寄りでしっかり結びます。

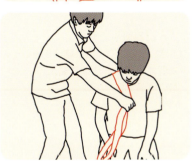

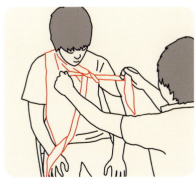

③たくし上げてある三角巾を引いて、患部の保護ガーゼを覆います。

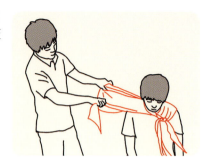

④両端を、それぞれわきの下に回して上腕の外側にもってきて結びます。
※上腕への巻き方がきつすぎて血管を締めつけることがないように注意します。

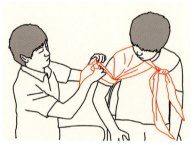

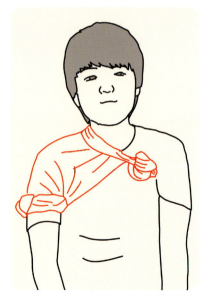

腕

①適当な幅の「たたみ三角巾」を作り、1／3くらいのところを、患部の保護ガーゼの上に斜めに当てます（手首の側を長くします）。

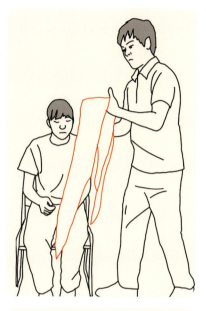

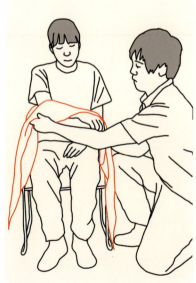

第5章 いのちを救うために

②長い方を持ち、らせん巻きの要領で巻き上げます。

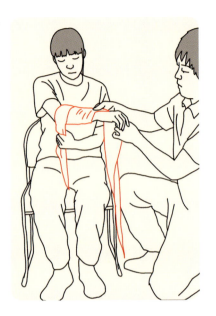

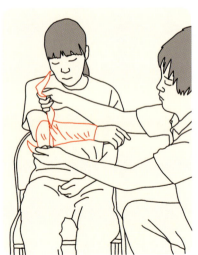

③他方の端と、前腕外側で結びます。

腕の吊り方

①吊ろうとする腕の肘側に頂点を置き、患側の肩に底辺の一端をかけます。

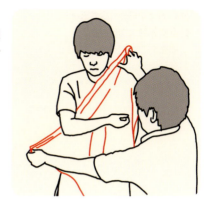

②もう一方の端を、患側の肩に向かって折り上げ、他方の端と結びます。

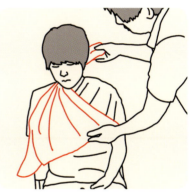

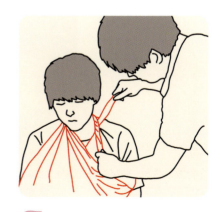

第5章 いのちを救うために

③頂点を止め結びにするか、または、折り曲げて安全ピンで止めます。

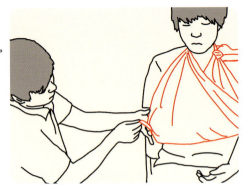

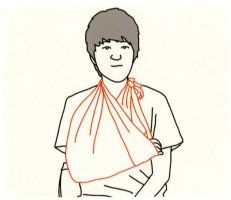

手首

①三角巾を開いて、底辺よりに保護ガーゼを当てた患部を置き、その上に頂点をかぶせます。

②両端を、それぞれ手の甲側で交差させます。

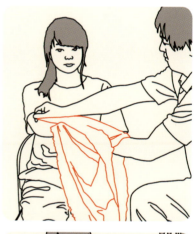

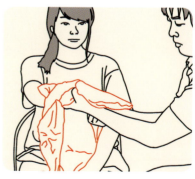

第5章 いのちを救うために

③両端を手首で(手の平側を回って手の甲側で)結びます。

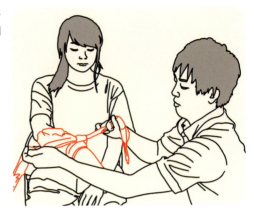

④結んだ三角巾に頂点を折り込みます。

> 膝

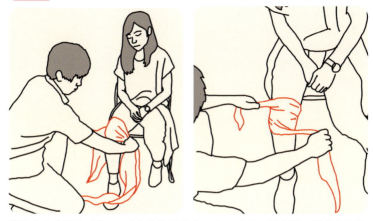

①膝を十分覆うくらいの「たたみ三角巾」をつくり、端を膝の後ろに回して交差します。

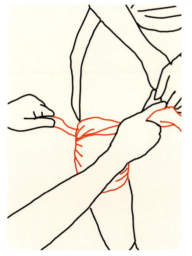

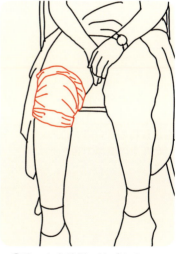

②一方の端で、当てた三角巾の膝の下方を回して押さえ、他方の端で、当てた三角巾の膝の上方を回して押さえます。

③膝の上方外側で結びます。
※肘も同様に巻きます。

第5章 いのちを救うために

脛

①適当な幅のたたみ三角巾の底辺を下にし、折った側に患部がくるようにして、斜めに保護ガーゼの上に当てます。

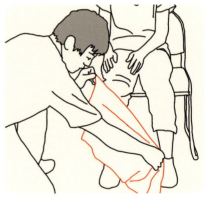

②足首側の長い方を持ち、らせん巻の要領で巻き上げます。

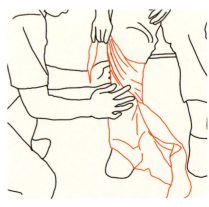

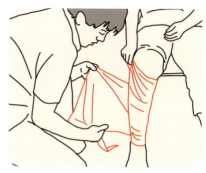

③他方の端と、膝の下方外側で結びます。

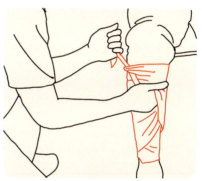

④完成です。

第5章　いのちを救うために

3．骨折

　骨折とは、交通事故、転落事故、墜落事故、スポーツ事故など強い外力により骨が折れたり、ひびが入ることをいいます。高齢者は骨がもろいために、転んだだけで骨折することがあります。

症状を調べる

①骨折部は1箇所だけとは限らないので、全身をよく注意して調べます。
②骨折の症状には、「腫れ」「変形」「皮膚の変色」「その部分に触った場合の激痛」があります。
③また、四肢であれば骨折部はもちろん、骨折部の上下の関節も痛くて動かせないことがあります。
※事故直後には、これらの症状がないことがあります。また、泥酔者などは痛みを訴えないこともあります。
※子どもの骨折の場合、骨膜下の不完全骨折（たとえば若木骨折）などでは痛みのみで、他の症状を欠くことがあります。

固定

　患部や患部の上下の関節を固定して患部の動揺を防ぐことにより、次のような効果があります。
①患部の痛みを和らげる。
②出血を防ぐ。
③傷病者が体位を変えたり移動する場合に、患部の動揺で新たにきずがつくことを防ぐ。

そえ木

　そえ木とは、骨折部の動揺を防ぐため、上肢、下肢及び体に当てる支持物をいいます。
①骨折部の上下の関節を含めることのできる十分な長さ、強さ、幅を持つものが有効です。その条件を備えるものならば、どんな物でも構いません。
②身近にある新聞紙、雑誌、段ボール、棒、杖、傘、野球のバット、毛布、座布団なども利用できます。

160

腕のそえ木

①肘関節から指先までの長さのそえ木を、骨折部の外側と内側に当て、固定します。そえ木が1枚のときには、手の甲側に当てます。そえ木は「ダンボール」などで十分です。

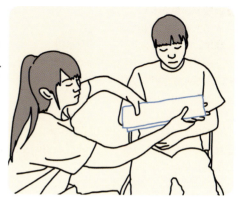

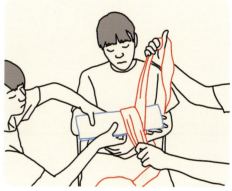

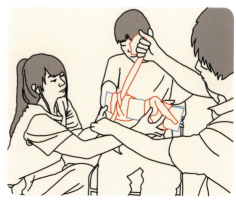

第5章 いのちを救うために

②肘関節が動かないようにするために、前腕を吊ります。

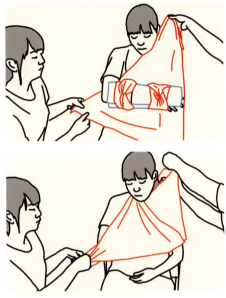

③吊った腕が前後左右に動揺するのを防ぐ必要があれば、体に固定します。

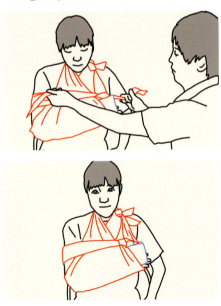

鎖骨の骨折

①傷病者が最も楽な手の位置で固定します。三角巾の頂点を、受傷側の肘、一方の端を患側の肩に当てます。

②他方の端を受傷側のわきの下から通して背中に回し、端を患側の肩の上で結びます。

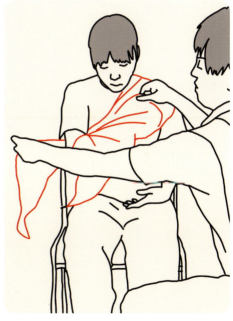

第5章 いのちを救うために

③頂点は止め結びにします。

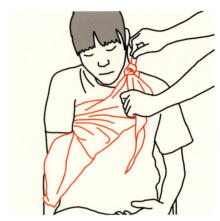

④受傷側の肩関節が動かないように、他の三角巾で受傷側の肘を体に固定します。
※傷病者の体格や腕の位置などに応じ、受傷側のわきの下にタオルなどの布を当てる場合もあります。

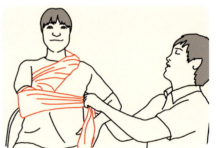

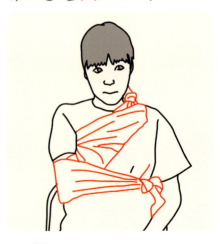

足のそえ木

①まず、三角巾を折って、骨折している足の下に入れます。そえ木をガイドにして、布を足の下に入れておきます。

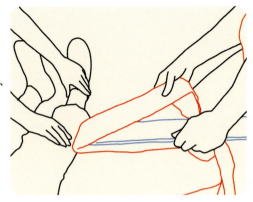

②大腿の中間から足の先までの長さのそえ木を、外側と内側に当てます。

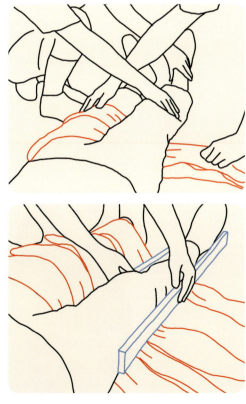

第5章 いのちを救うために

③そえ木は、骨折部の上下から固定していきます。

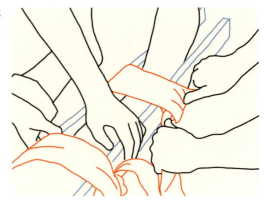

④これが完成の形です。

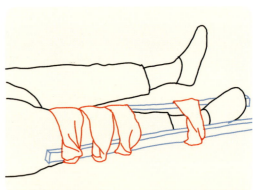

> 足首のそえ木

①靴下をはいた上から、たたみ三角巾の中央を土ふまずに当て、足首の後ろで交差し前に回します。

②足首の前で交差し、両端を土ふまずから足首の後ろへいく三角巾に、それぞれ内側から通します。

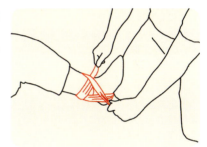

③足首を曲げた状態で動かなくなるように引き締めてから、足首の前で結びます。

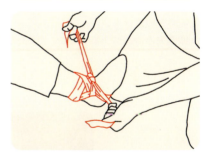

④あまった端は足首に巻き付けて結びます。

4. 搬送

傷病者を動かしたり、運んだりすることは、どんな場合にもある程度の危険を伴います。どんなに慎重に運んでも、必ず動揺を与えることになるからです。傷病者が発生した場合には、医師などを現場に迎えるのが最も良いのですが、実際には傷病者を運ばなければならない場合が多いものです。

搬送のときの注意事項
① 傷病者の体を動かすときや運ぶときには、できるだけ動揺を与えないようにします。
② 搬送が終るまで傷病者の観察を続けます。
③ 2人以上で搬送する場合は、統一行動をとるため、必ず指揮者を決めます。

搬送の準備
① 傷病者に対する手当は完了したか。
② 傷病者をどんな体位で運ぶか。
③ 保温は適切か。
④ 担架(応用担架)は安全・適切に作られているか。
⑤ 人数と役割はよいか。
⑥ 搬送先と経路は決まったか、それは安全な経路か。

背負って運ぶ搬送（パックストラップキャリー）

傷病者のわきの下を両肩にのせ、傷病者の両膝を引き寄せて抱え込み、傷病者の手首をつかみます。

互いに手を握り合って運ぶ搬送

重症者でなく、2人の救助者の首に自分でつかまることのできる傷病者に用います。
①傷病者の両側から腕を持ち、上体を引き起こします。
②傷病者の腕を救助者の首に回し、つかまらせます。
③傷病者の頭側の手で傷病者の背中を支え、他方の手を傷病者の膝の後ろに回してお互いに手首を握り合い、持ち上げます。

第5章 いのちを救うために

毛布を使った担架

傷病者の体温が保たれるように全身を毛布などで包みます。衣類やネクタイ、ベルトなどをゆるめて呼吸を楽にさせますが、必要以上に衣類を脱がせてはなりません。周囲の温度や傷病者の状態を考えて保温します。

濡れた衣類は取りかえるようにしますが、着替えるものがなければその衣類の上から保温します。

傷病者を直接地面や床の上に寝かせる場合、下からの冷えに対する配慮が必要です。新聞紙などを敷くだけでも断熱の効果があります。毛布で傷病者を保温するときには、傷病者を大きく揺らさないように注意します。

担架のつくり方A

①毛布を広げます。

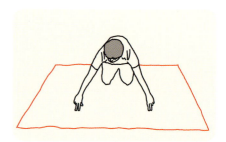

②毛布を右図のように折り畳みます。

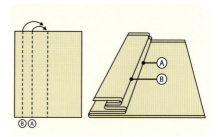

③毛布をあらかじめ半分まで折り込んでおき、傷病者の片側に置きます。

④救助者は傷病者を中心にの反対側に位置し、傷病者を引き起こし、毛布を差し入れます。

⑤傷病者を毛布の上に寝かせ、差し入れた毛布を引き出し、傷病者を包みます。肩や足を十分に包みます。

⑥安全な場所へ移動すると
　きは、毛布毎引っ張るよ
　うにします。

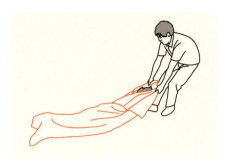

担架のつくり方Ｂ

　6人から8人程度で、傷病者の両側の毛布の端をしっかり巻いて、それを上からつかんで持ち上げれば、毛布で担架搬送することができます。
　毛布と丈夫な棒があれば、担架の代わりになるものをつくることができます。

①傷病者の体の下に毛布を
　入れます。

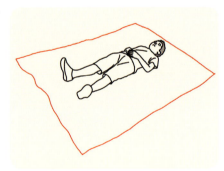

②傷病者の両側の毛布の端
　をしっかり巻いていきま
　す。

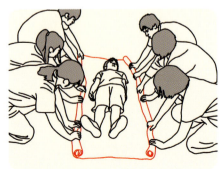

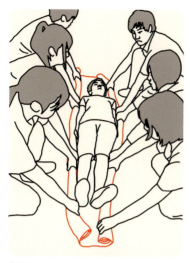 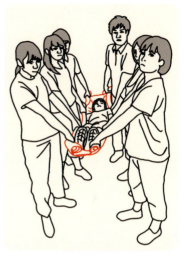

③救助者は、傷病者を左右バランスよく持ち上げられるように、それぞれの位置につきます。

④巻いた端を上からつかんで持ち上げます。

第5章　いのちを救うために

5 水辺での活動のために

みんなが水に親しみ、水の事故から大切な「いのち」を守るため

　多くの人が、海や川、プールなどの水辺のレジャーを楽しんでいます。

　ぼくらの防災キャンプも、何度か海辺で行ってきました。海は多くの恵みを与えてくれる、素晴らしいフィールドであるからです。

　でも、海は同時にとても多くの危険もはらんでいます。海辺で活動する時は、水と人間との関係や、海そのものをきちんと理解しておくことが、何よりも大切です。

　本書では水辺での活動の際の注意点について、海を例に取り上げて説明することにします。

　まずは、水と人体の生理との関係について押さえておきましょう。

①水は、空気の約25倍の速さで体温を奪います。

②水温22℃以下では、人体の生理機能は40％程度低下します。

③水中では、物が1.3倍程度大きく見えます（水中メガネ使用時）。

④水深10mごとに1気圧増加します（水深10mでは水圧が2倍となり、空気容積は1／2となります）。

海を知ろう

　海は、地球で最も広範囲な区域で、気象とともにさまざまな自然現象をつくり出します。これを「海象」と呼んでいます。

　海水は、太陽に熱せられて蒸発し、気象にも大きな影響を与えるとともに太陽と月の引力などの影響を受けて、1日に2回ずつ約6時間おきに干潮と満潮の現象をつくり出します。

　また、地球の自転に影響されて、海流という大きな流れをつくっています。海は、これら潮流や海流、または波や渦など、人の力ではどうすることもできない力を持っています。

　海は地球で最も広く、天気によっていろいろと変化します。
　また、波や流れなど人にはどうすることもできない力を持っているので、
　十分な注意を忘れないようにしましょう。

174

波の種類

波の種類は意外と知られていません。波には、潮の干満によって生じる潮汐波と、風によって起きる風浪、地震などによって起こされる津波などに分けることができます。

また、大きな船が通過した後にできる波や、打ち寄せた波が戻るときに寄せて来る波とぶつかって、一時的に波が高くなるバックウォッシュ現象と呼ばれる波などがあります。一方、風浪は、次第に波長が長くなってうねりとなり、エネルギーを蓄えながら陸に近づいて砕波となります。

①巻き波（プランジング・ウェーブ）

うねりが急斜面の海底にぶつかり一気に崩れる波のことで、一般にはダンパーと呼ばれています。この形の波は、すさまじい力で崩れ、まともに受けると簡単に海底に叩きつけられることもあります。

②くずれ波（スピリング・ウェーブ）

うねりが緩斜面の海底を陸に向かって昇るようにして押し寄せてくる波のことで、波の頂上が波の表面に転がり落ちるようにして崩れます。この形の波は、サーフィンやボディーサーフィンをする人から遊泳者まで、波を楽しむ人には好まれますが、巻き込まれないように注意します。

③くだけよせ波（サージング・ウェーブ）

海底の勾配が非常に急な場合に起こる波のことで、陸に近づいても波の高さは変わらず、波打ち際で一気にくだけるようにして崩れる波です。波打ち際で急激に崩れるため、子どもなどは容易に引き込まれてしまうので、注意が必要です。

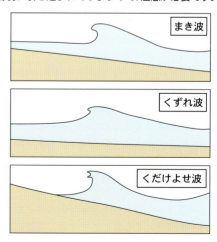

第5章　いのちを救うために

風の種類

①海風（オン・ショアー）

　海上から陸に向かって吹く風を海風といいます。その影響としては、次のようなものがあります。

・白波が立ち始める。
・波の崩れる場所が一定しなくなる。
・水面が上下に運動を始める。
・波と波の間隔が狭くなる。
※海風のときには水面の監視がしづらくなり、遊泳者を見失いやすくなります。

②陸風（オフ・ショアー）

　陸から海上に向かって吹く風を陸風といいます。その影響としては、次のようなものがあります。

・吹送流を起こす（風によって、水面付近が沖に向かって流れる）。
・うねりが大きいときは巻き波を誘発する。
※陸風のときには、遊泳者や手こぎのボートなどは、沖に流される危険
　があり、巻き波によって、遊泳者が波に巻き込まれたり、叩きつけら
　れてしまうことがあります。

流れの種類

　海でいう「流れ」は河川での流れとは異なり、方向が一定しない場合が多いものです。

　干満による潮流や海流は、大きな規模でいえば、一定の方向性をもって流れていますが、海岸付近では流れの方向や強さは、大変複雑な形態を示します。

①離岸流（とても注意の必要がある波です！）

　岸から沖に向かって流れる水の動きを離岸流といいます。この流れは、海岸線の地形や波、風の向きや強さによってさまざまな形態を示します。離岸流を発見するためには、次のことを知っておくことが大切です。

・離岸流が流れている場所はあまり波が立っていない。
・沖へ流れ出ているすじが見える。
・浮遊物が沖に流れる。
・流れのある場所は周囲と色が異なっている。
※遊泳者や浮き輪で遊んでいる子どもなどは、離岸流に乗ると簡単に沖
　に流されてしまうので注意しなければなりません。もし、流された場

176

合は、あわてて岸に泳いで帰ろうとしてはいけません。泳力があれば、流れを横切って流れから出るか、さもなければ、流れが途切れる所まで行った後、流れのない所を泳いで帰ることが大切です。

②逆潜流

岸に寄せて来た波が、海底の傾斜にそって沖に戻る水の流れを逆潜流といいます。

波打ち際にいると、海底近くで足をすくわれるような水の力が働きます。勾配の急な海岸や砕け寄せる波の強いところでは、大人でも足をすくわれて転倒することがあるので注意が必要です。

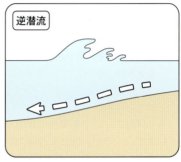

万が一、水の事故に遭ってしまったら

水の事故は、泳いでいるときだけに起こることではなく、日常生活においても水のあるところには、いたるところに危険が存在しています。従って、日常身の回りにあるものを使った自己保全の技術を知っておくと、大変役に立ちます。また、溺れている人を発見したときにも、身近なものを救助に役立てることができます。

①服を着たまま水に落ちたら

- まずは水に浮くこと　〜体が浮くまで、ゆっくりとあわてずに！〜
- 衣服を着て水に落ちた時、一番大切なことは「浮き身（浮くこと）」です。
- 衣服のまま、靴をはいたままで浮き身を保つためにどのようにすればよいかをよく考え、できるようになりましょう。

②いざというときに役に立つ「着衣泳」を知ろう

衣服やくつを身につけたまま、海や川、用水路などに落ちる事故は、水着を着て泳いでいる事故とくらべて何倍も多く起きています。もし落ちても「着衣泳」の知識や技術があれば、あわてなくても大丈夫！

第5章 いのちを救うために

【身の回りにあるものの活用】
　身の回りには、浮力のあるものや空気を入れることによって浮力の得られるものがたくさんあります。ペットボトルも中味を抜いてふたをすれば浮き具になり、ボストンバッグなども空にして逆さに浮かべれば浮力が得られ、バケツも逆さにすれば浮き具になります。

【衣服の活用】
・シャツを使う場合
　首のまわりがしまっているようなシャツは、体とシャツとの間の空気によって、浮力を得ることができます。
・ズボンを活用
　長ズボンの前のファスナーを閉じ、両足の裾を相互に結び、頭を通し足の部分に空気を入れることによって、浮力を得ることができます。水中でズボンを脱ぐ場合は、くらげ浮きの浮き身をとりながら脱ぐようにします。

③溺れた時の対応
　早く確実に、しかも安全に救助できるか否かは、救助者の能力にかかっています。しかし、常にその能力が発揮されるとは限りません。
　泳ぎの上手な父親が、我が子を助けようとして自分の命を失った例がある反面、子どもが大人の溺者を救助した例もあり、泳げれば必ず救助できるという考え方はまちがっています。
　泳力や体力のある者が優れた能力を発揮するとは限りません。逆に、そこに居合わせた者のとっさの判断と機転が、能力以上の力を発揮させることがあります。
　救助者がその能力を発揮するための基本は、自分の実力を判断すること、協力者を得ること、身の回りの資材の活用を図ることが必要です。救助にあたっては次のことを考えます。

【ポイント】
原則として、水の中に入って助けない。
　・どのようにしたら安全で確実に救助できるか
　・協力者が得られるか
　・身の回りのものが活用できるか
　・事故者に勇気づけができるか
　・事故者を早く医師などに引き継げるか

> **重要**
>
> 救助は一刻を争いますが自分の泳力を過信して、すぐに泳いで救助に向ったり、また、事故に対する本能的な行動として、冷静さを失ってはいけません。救助者は、常に二次事故（災害）の防止を念頭に置いて行動する必要があります。

自然環境を学ぼう

　高温環境や低温環境、あるいはそれらをつくり出す気象や天候などについて理解することは、水の事故防止にとって大切です。

①気象と天候

　大気中の空気が熱せられたり冷やされたりして気圧に差ができ、高気圧や低気圧が生まれます。空気は気圧の高いところから低いところに流れ、風となります。天候が悪化するのは、低気圧があるところと前線があるところで、熱帯地方に発生する熱帯性低気圧は、発達して台風になることがあります。

②台風

　赤道以北、東経 180°以西の太平洋上で発生した低気圧で、瞬間最大風速17.2m/s 以上になったものを台風と言い、日本付近には夏の終り頃から秋にかけて多く接近することがあります。常に気象情報には注意をしておく必要があります。

③前線

　暖かい空気と冷たい空気のかたまりが接触した面が地表面と交わってできる線を前線と言い、天候を悪化させる要因の一つです。代表的なものとして、温暖前線や寒冷前線、また、停滞前線や閉塞前線があります。

④天候

　気象の変化によって天候が変わることはよく知られています。また、日本には四季があって、夏は暑く冬は寒いといったように天候や季節によって気温や水温が左右され、環境が変化します。

　風や雨、雷や濃霧も環境にさまざまな影響を与えます。特に雷は、雷雨といわれる強い雨や突風を伴うことが多く、落雷によって直接生命が脅かされる危険もあります。

第5章　いのちを救うために

⑤観天望気

　空を見上げて雲の様子を観察し、風の状態、気温や湿気の状況を感じとって天気を予測することを「観天望気」と言い、経験を積むことによって、ある程度その日の天気を予測することができるようになります。

例えば…こんな時
・積乱雲（入道雲）の広がりは、低気圧に伴う寒冷前線が接近する前兆。
・雲が層状に厚く低くなってきたときは、低気圧に伴う温暖前線が接近する前兆。
・夕焼けは晴れる前兆。
・月にかさがかかると雨の前兆。
・雲の動きが速いのは風が強くなる前兆。

6 雪を知る

雪山に親しみ、安全に活動するために

　ぼくが生活している秋田県は雪国で、1年のうち3ヶ月ほどは積雪の中で生活しています。山間部にはさらに長い期間、雪があります。
　自然災害は時を選ばないので、乱暴に表現すれば1/4の確率で積雪時に被災する可能性があるということです。加えて、雪そのものがもたらす災害にも注意が必要です。いざというときの備えのために、ここで今一度、雪について理解を深めておきましょう。
　また、雪国の人たちはレジャーで行くことも多い、雪山で活動する場合の注意点も確認しておきましょう。

雪と私たちの生活
　日本列島は温暖な気候に恵まれて、四季を通じて様々な自然の姿をそこに暮らす人々に見せています。春には春の、夏には夏なりの自然の美しさは、私たちに生活の潤いを与え続けています。しかし、多くの自然現象を生活の一部としながらも、時にそれは人々に過酷な現実を突きつけているのも事実です。地震、火山噴火、台風、津波など日本は多くの自然災害を経験してきました。その中で気象の一現象である「降雪」に関しては、降雪地帯に住む人々の雪に対する感情と、そうではない地域に住む人々の感

情には若干の違いがあるかもしれません。

それでは雪に関する日本人のイメージはどうでしょうか。

例えば雪についての良いイメージとしては、「雪まつり」「雪化粧」「雪室」「雪合戦」「雪だるま」「雪国」「粉雪」などという言葉がありますが、なにかワクワクとしたあるいはしっとりとしたイメージが湧いてくるような気がします。

負のイメージとしては「雪害」「風雪」「吹雪」「雪崩」などでしょうか、まさに雪がそこに暮らす人々の生活を脅かしたりすることを意味しています。

①気象

地球を取り巻く大気の状態とその変化、大気中で起こる様々な現象を気象といいます。大気の状態とは、「気圧、気温、湿度、天気」などで、太陽の放射エネルギーによって変化し、その結果「風、雲、雨、雪、雷」などのほか、いろいろな現象が起こります。

②なぜ雪が降る？

地球の自転軸は、公転の軌道面に対して約 23.5 度傾いています。このため、地球の真上にくる太陽の位置は、1 年の周期で両回帰線の間で変わります。

太陽が南回帰線付近にあるとき、北半球は真冬の季節で日本列島は北に寄るほど、太陽放射は斜めに入射し、放射熱は非常に少なくなります。北極圏を中心に寒冷な気団が発達し、アメーバ状に北半球を覆い、北西及び南西風となり雪を作って降らせます。

冬型の気圧配置となって北西風の季節風が吹き出すと、日本列島は雪で覆われるようになります。季節風が日本海の水蒸気を含み、高層に上がって雲を作り、その雲が過冷却層を挟んで上下に厚く重なり合っているとき、雪となって降ります。

第5章

第5章　いのちを救うために

冬山の気象

　雪はとても美しいものでもあります。とくに雪山に入ると、その美しさはまるで異世界。もちろん、スキーやスノーボードなどを楽しむ人も多いですね。魅せられる人たちがたくさんいるのも理解できます。

　装備は万全、余裕のある日程も組めた、さあ出かけようとウキウキする気持ちはわかりますが、一歩間違うと大きな事故にもつながるのが雪山。注意点を押さえておきましょう。

①山の気温

　山では、放射熱の吸収が少なく、しかも放射しやすいです。そのため、山の高さが増すにつれて気温が下がります。

【ポイント】

a 気温は、高度100mについて0.5〜0.6℃下がります。この割合を「気温の減率」といいます。

b 気温は風の影響によっても変化し、体感温度は風速1mで1.2〜1.5℃下がるといわれています。

c 南北に細長い日本列島では、冬の平均気温は、緯度1度北へ寄ると1℃低くなっています。従って、宮城県の蔵王と北海道の札幌市近郊の山では、同じ標高でも5℃位の差があることになります。

②風

　平地は空気の密度が濃く障害物が多いので空気の流れは遅く弱くなりますが、平地から山へと高度が上がるにつれて障害物が少なくなり、空気密度も薄くなるので空気の流れが速く移動して、風が強くなります。

　太陽放射熱を受けた地表の物質が空気を温め、気圧の高いところと低いところができ、空気は気圧の高い方から低い方へ流れます。この空気の流れが「風」です。四季折々の風が、その地域特有の気象状態（気候）を作り出しています。風が季節を運んでくるのです。

【ポイント】

　風は体温を奪うので、寒冷の度合いが強くなると運動機能が低下し、疲労がはなはだしく、手指や顔面に凍傷を起こします。特に、汗で濡れた衣服のままでは危険な状態に至ります。

③地吹雪

　強い風が地表の雪を吹き飛ばし、その雪片に視界が遮さえぎられて見えなくなります。上空を見ると晴れているのに、地表面が見えない状態になり、さながら激しい吹雪となった現象のことを地吹雪といいます。

　地吹雪は、軽い雪（新雪）なら風速5mでも生じ、このときは、風の強弱の波に合わせて、立ち木や凹凸、人影などが見え隠れし、風速20m位では舞い上がる雪は頭上より高くなって、視界は全く無くなり、吹雪と区別がつかなくなります。

　このような地吹雪の中では、対比物が見えないので、滑っていても速度感覚がなくなり、平衡感覚も失われ「リング・ワンデ・ルング（霧に巻かれて直線歩行をしているつもりが、結局は元の場所に戻ってしまったり全く別の方向に行ってしまう現象）」を起こしやすくなります。

雪山は、雪のすばらしさも怖さもすべて兼ね備えています。
身近にあるのなら一度は触れて欲しいと思いますが、本来はスキー場に行くだけでも、その環境への理解をしっかりとしておきたいもの。キャンプなどとなればなおさらです。くれぐれも初心者だけで気軽に行くのではなく、経験者にアドバイスを受けながら一緒に行くようにしましょう。

冬期に起きた災害を想定した防災キャンプも行っています。

第5章 いのちを救うために

学生たちの言葉

防災キャンプを通して、今こうして普通に過ごせていることがいかに幸せなことなのか、実際に被災した人の気持ちが全て分かるわけではないけれど、災害が起きればどれだけ辛いのか、そんな中でも生きるためにやるべき事はどのようなことなのか、ということを学ぶことができました。

私は実際に被災したことがなく、防災について深く考えたことはありませんでしたが、日赤に入りこの活動を知り、他人事ではなく毎回防災について真剣に考えられる良い機会になっています。

防災キャンプで得た知識は一生涯役立つと思うし、生きていくための大きな力になると思います。それを自分だけのものに留めず、地域の人や他の大学生、さらに全国に広がるように発信していけたら良いと思います。

鈴木 茉莉

私は、一年間防災キャンプに参加してきて、様々な防災の考え方を学びました。初めての防災キャンプに参加した時は、防災と言われてもピンときませんでした。そんな私でも、防災の大切さを身につけることができ、防災を学ぶ意味を理解することができました。なにより、楽しく防災について学ぶことができました。防災は自分の知識や、自分で考える、仲間との協力、が大切になってくると思います。防災の知識を身につけるためにも、このような、防災キャンプを通して、様々な方に発信し、みんなで学び合って、知識を広げていくことが防災だと私は考えます。この1年間で防災について楽しく学ぶことができたので、この学んだことを次は自分たちがたくさんの方々に発信し、伝えていきたいです。

伊藤 有美

　防災キャンプの学生代表として企画や運営に携わり思ったことは"楽しかった"ということだ。楽しさから学ぶ防災を大切にしている私たちの防災キャンプはとにかくたくさん笑う。

　もう一つ思うことは仲間を守る意識が強くなったことだ。最初は自助が強い防災キャンプだったが、数を重ねるごとに仲間と仲良くなり、みんなが生きるためにはどうしたらいいか考えるようになった。私だけではなく、みんなが周りのために行動するようになった。自助から共助へ段階が移った気がした。私たちは将来誰かを守る立場にある。これからの防災キャンプは、自助の経験から共助に変えていく力をさらに身につけていきたい。

伊藤 百花

　「防災」という言葉から難しそうで大変な活動というイメージがありますが、このキャンプでは災害に対する知識や生きるためのスキルを楽しく学び、身に付けることができます。火や水を自分たちで作りだし、アウトドア用品を活用して調理など行い、ライフラインが途絶えた中でも自分の身を守る方法を体験しました。

　私たちはこの防災キャンプを通して、学んだことや体験したことを伝えるという活動も行いました。東日本大震災後に多くの方々が災害に対する様々な備えをしていますが、本当に必要な備えは「災害が起きた時に自分の身を守る備え」が出来ていることです。

　最後に私が考える防災とは生きるために互いの命を守り合うことと考えます。命を守るために仲間と共にこの防災キャンプについてさらに広め伝えていきたいです。

赤川 可純

第6章 地震被災後の対応

第6章 地震被災後の対応

1 震災後の連絡・情報収集

慌てず焦らず落ち着いて

地震はいつ、どこにいるときに発生するかわかりませんが、どんな時でも命を守る行動をしてほしいと思います。どうか慌てず焦らず落ち着いて、次のようなことに留意して行動してください。

自宅・会社への連絡手段

地震にあった後、まず頭に浮かぶのが家族や会社への連絡です。地震発生直後には、安否の確認などで被災地域に電話が殺到して回線が混雑したり、電話線、電波の中継基地が被害を受けたりして電話がつながりにくくなります。また救援活動などのために設けられた災害時優先電話の回線を確保するために、一般の回線には規制がかけられます。

「災害時に携帯電話は通じない」と言われます。しかし、決してそんなことはありません。03、0422といった局番全体に通信規制のかかる一般回線に対し、携帯電話はアンテナごとに通信規制をかけます。しかも100%の規制をかけないことになっているので、今いる場所でつながらなくても、少し移動すれば通じる可能性が出てきます。時間がたてば、その可能性はさらに大きくなります。また、携帯電話のメールに関しても同様の規制がかかるわけではありません。普段に比べれば送受信に時間はかかりますが、一般電話より通じやすいのは間違いありません。

伝言サービスの使い方

災害にあったときのためにあらかじめ、もしもの時の連絡方法などを決めておいたり、確認しておくことが大切です。その場合には、以下のような手段が有効です。

❶災害用伝言ダイヤル

災害用伝言ダイヤル「171」は、NTTグループが提供する災害時の安否情報がやりとりできるサービスです。一般の電話回線や公衆電話、携帯電話、PHSなどから「171」をダイヤルし、伝言を録音・再生します。ガイダンスに従って操作してください。録音した内容は48時間を過ぎると消去されるので、注意しましょう。

❷伝言板サービス

伝言板サービス、携帯番号で安否確認パケット通信を利用し、携帯電話各社が提供している安否確認ができるシステムです。たとえばNTTドコモだと、1つの携帯番号につき、10件のメッセージが登録できます。

【使い方】

携帯電話のトップメニューから「災害用伝言板」を選択し、入っていきます。「無事です」「被害があります」などの定型文に加えて、100文字以内のコメントが書き込めます。家族などの安否を確認する場合には、確認したい人の携帯番号を入れると、メッセージなどが登録されていれば表示されます。

家族を探す方法

被災後やっとの思いで自宅にたどりついても、家族がいなかった場合、どうやって捜せばいいでしょうか。「171」や携帯電話の災害用伝言板サービスなどを利用しても、家族と連絡が取れない状態が続けば不安が募ります。

そんな時は、まずは自宅近くの避難所を捜してみてください。掲示板に情報が貼ってある場合もありますし、顔見知りの人が知っていることも往々にしてあります。ひょっとしたら家族がけがをしている場合もあります。近くの病院に入院しているかを問い合わせるのも手です。個人情報保護法により、病院側はすぐに回答してくれない場合もあります。非常事態である旨を説明して、協力を求めることが大切です。

被害情報の入手方法

大規模災害の際に、どう行動するかを考えるのに欠かせないのが的確な情報です。誤った情報に基づいて行動すれば、危険度が増します。災害時にもっとも早く確実な情報を入手しやすいのはラジオです。携帯型のラジオがなくても、ラジオがついた携帯電話など、手軽に持ち歩ける機器もあります。まずは公共放送で情報を得ることを最優先しましょう。

そして、状況は刻一刻と変わります。また時間が経つにつれ、現場に出た記者からの報告が盛り込まれ、ニュースの精度は高まります。一報だけでなく、第二報まで聞くことが大切です。

第6章 地震被災後の対応

デマに注意しよう

いつの時代も、災害時には多数のデマが流れます。伝言ゲームではありませんが、見知らぬ人同士が情報交換する中で誇張されることが往々にして起きます。たかがデマと思うかもしれませんが、危険度を見誤るなど命に関わることにもつながりかねません。より多くの情報を分析し、行動することが大切ですが、情報を精査することも欠かせません。

外出先で被災した場合
❶帰宅するか避難するかどうか判断する

外出先で被災した場合、家族が心配、家がどうなっているか知りたいなど、不安が募り、家に帰りたくなるのが人情です。ただ無理は禁物です。鉄道は止まり、道路は直ちに通行規制がかかり、ほとんどの移動手段が失われてしまいます。残る手段は徒歩で、ということになりますが、平時のようにはいきません。橋の下落や火災で遠回り、遠回りの連続です。頼りになるはずのコンビニエンスストアも倒壊している可能性もあります。地図通りにはなっていないのです。自宅まで極めて近いとか、よほどの事情がない限り直後の帰宅は見合わせ、公共交通機関や道路の復旧を待つのが賢明でしょう。

また被災直後のオフィス街や繁華街には、けが人があふれています。救援の手はいくらあっても余ることはありません。無理な帰宅を急ぐよりも、腹を決めてその場にとどまり、協力し合うことも考えましょう。判断に迷う場合は、避難所の情報を活用しましょう。避難所では、交通機関の復旧状況といった情報をいち早く入手できます。帰宅・残留といった判断も下しやすくなります。

❷避難場所を決めておこう
【職場で被災した場合】
　　会社の建物が倒壊してしまったり、外出先で被災した場合など、まずは避難場所、避難所を目指してください。会社の災害マニュアルに沿って行動することが最優先ですが、臨機応変の対応を求められることもあります。会社の周りのどこが避難場所、避難所に指定されているか、平時に確認しておくことが大切です。
　　避難場所では公園が、避難所としては地域の学校や体育館、公民館などが指定されているケースが多く、市区町村などに確認すればわかります。

【外出先で被災した場合】
　　勝手のわからない外出先で被災した場合は、地元の人に聞きましょう。地元商店で尋ねれば間違いありませんし、警察・消防などの誘導があればそれに従ってください。学校などの公共施設が避難所になっている場合が多いので、それを目指すのも手です。

【避難場所】
　　災害が起こったとき、身を守るために一時的に避難する場所が、いわゆる「避難場所」です。公園や広場などが指定されているケースが多く、地震で火災が発生・拡大した時の避難先としては、大規模な火災に耐えられるような大きな公園が指定されています。
　　「避難所」は、災害に発生した火災や倒壊などによって家を失った人たちが一定期間、避難生活を送る場所です。防災・救援の拠点となり、負傷者の救援や給水・給食などもここで行われます。

第6章

❸震災後に帰宅する場合の注意点

被災後に自宅に帰る際に問題になるのが、帰宅の足。徒歩は確実ですが肉体的に大変で、車などは身動きがとれなくなる可能性が大です。

被災後、被災地は混乱しています。徒歩は移動手段としては確実ですが、自宅までの距離は人それぞれです。徒歩での帰宅だと、数日かかる人もいるでしょう。長距離の移動は体力を消耗します。移動にかかる時間をまずは想定してみてください。ちなみに革靴で一気に歩ける距離は「10キロ程度が限度」といわれます。最近、都市部では自転車通勤の人も増えています。ただ道路状態は悪化しています。粉々になったガラス片やがれきでタイヤがパンクする恐れがあります。

【帰宅ルートの選び方】

被災後、帰宅すると決めたら、まずは今いる場所を確認してください。次に自宅の位置や方角をチェックします。そんな時、地図があると便利です。帰宅ルートは幹線道路や道幅の広い道路を選ぶようにしてください。

幹線道路は緊急車両も通行します。そうした車両に注意しながら、なるべく道の真ん中を歩くようにしてください。余震の恐れもありますので、落下物や火災に対する危険性を少しでも減らすためです。

もし、途中に「危険地帯」と指定されている場所があれば、近づかないようにしてください。そこを通過した方が帰宅する上で近道だとしても、危険地帯に指定された場所に足を踏み入れると、二次災害に巻き込まれる恐れが高くなるからです。

【帰宅する際に持っておくべきもの】

　被災後に帰宅する際に、必ず携帯しておくべきは、「水」、「携帯電話」、「現金」です。

①水

　帰宅する際に、食べ物や飲み物が手に入らない可能性もあります。生命を維持するためにも最低限の水分（ペットボトル1本分）が必要です。また、もし飲み終わっても、ペットボトルは捨てないでください。途中に給水できる場所があれば、水を入れられる水筒になるからです。

②携帯電話

　携帯電話は、連絡手段として心強い味方です。バッテリー残量はこまめに確認しておきましょう。途中の避難所などで、携帯の充電器があれば充電を忘れないようにしましょう。

③現金

　被災直後は、クレジットカードやプリペイドカードなどは使えないと考えてください。ライフラインや各種施設、機器が損傷している可能性が大きいからです。銀行のATM（自動現金預け払い機）も同様です。当面、使えるのは手元にある現金だけと考えてください。

　現金がなかったら、銀行の窓口で印鑑と通帳があれば、引き出すことができます。印鑑と通帳がなくても、身元がわかるもの（免許証、パスポートや保険証のコピーなど）を使い、預金者であることを証明できれば、預金の引き出しが可能になる場合があります（本人証明の仕方や引き出せる金額は金融機関ごとで多少違います）。

第6章 地震被災後の対応

食料などの調達方法

　大規模な災害が発生した場合、災害救助法が適用され、被災者1人あたり1日約1000円以内の食事が行政から支給されます。こうした物資は避難所に届きます。避難所生活をしている以外の人も被災者には変わりありませんから、避難所に立ち寄って食事を分けてもらうことが可能です。ちなみに中身は幕の内弁当のようなものが大半です。

　現代の日本の災害で餓死者は出ていません。被災直後は混乱しても3日もすれば状況はかなり落ち着きます。被災地周辺などから救援の手もさしのべられ、食料事情などは大幅に改善されます。まずは身の安全確保です。食料をとりにいって二次被害に巻き込まれるようなことは避けてください。チョコレートなどちょっとの備えがあれば、急場はしのげます。

こんな時に地震が起きたら

　地震が発生した際に起こる危険な現象を知っておくことによって、少しでも危険を避ける行動を取ることができるようになります。いったいどんなことが起きるのかご紹介します。

街中を歩いている時

　地震の揺れを感じたら、まず建物から離れることです。車が暴走する可能性がありますので、道路には近寄らないでください。建物から離れられない場所にいたら、落下物があっても避けられる陰に身を隠してください。また道路一面には細かく割れたガラスが飛び散っています。

それらのガラスは細かく割れて落ちてきたのではありません。落ちてくるときは大きな破片の塊で落ちてくるのです。そして、落ちてくるときには風圧で鋭くとがった方を先にして落下してきます。鋭い凶器となって降ってくるのです。地震が発生した場合こういうことが起きるということを知っていないと、それを避ける行動が取れないのです。

スーパーやコンビニなどにいる時

　地震の揺れを感じたら、どんなに小さな揺れでも訓練だと思って、直ちに商品棚の間から脱出してください。持っているバッグを頭と首筋に載せ、ガラスや照明器具の落下に気をつけながら、少しでも広い安全そうなスペースへ移動することです。

　東日本大震災、熊本地震の震源地のコンビニの中は、商品陳列棚が将棋倒しのように倒れ、照明器具が落下し、天井が落ちているところもありました。商品陳列棚の間にいたとしたら、大ケガしていただろうと思いました。

　何か行動しなければ、危険からは脱出できないのです。ですから、体を小さくかがめ、周囲を見回してどこが安全かを見定めることです。入り口に近い少しでも広いスペースに行きましょう。万一、そのスーパーやコンビニが倒壊しそうなら、直ちに脱出すべきです。一瞬の判断が生死にかかわるのです。どんな建物でも、絶対安全ということはありません。常に最悪を想定して行動してください。

　スーパーにしてもコンビニにしても、そこにいる人たちは入ってきたところから出て行こうとするものです。それが危機に陥ったときの一般的人間の行動本能です。しかし、そうした場所には必ず反対方向、つまり裏口に通じ

第6章 地震被災後の対応

る非常口があるはずです。そこには緑の避難口誘導灯が点いています。誘導灯にはニッカド電池が入っていて、停電でも20分以上点灯し続けるようにしておくように法律で定められています。

地下街にいる時

日本の地下街は、火災報知器、消火栓、誘導灯、消火器などの消防用設備は当然のことながら、煙対策として、火事のとき煙を排出する排煙設備や防火、防煙シャッターなど防災対策が施されています。また停電になった場合でも非常電源で長時間照明が点灯しますし、非常電源付きの非常放送設備で防災情報を迅速に伝達できるようになっています。そのため地上の繁華街より、ある意味、建造物としての安全性は高いと思われます。

しかし、全ての地下街が絶対安全かというとそうではありません。特に、その地下街を利用する人々が問題なのです。災害が発生したとき、1度に1つの避難口に殺到すれば、圧死者を出す恐れがあります。まず、自分に『落ち着いて』と声をかけて、一息入れてから、人々が殺到しない非常口、安全そうなスペースを見つけることも大切です。

地震の揺れを感じたら、姿勢を低くしてウインドウガラス、陳列棚、看板、照明器具などから素早く離れます。そして落下物などから身を守るために持っているバッグなどで頭と首筋を守りながら安全な場所に移動することです。そして、揺れが収まってから非常口より地上に脱出します。万一非常照明がつかなかったり、煙が充満して非常口が見えなかったりする場合は、壁伝いに歩いていけば必ず出口に行き着きます。

外部に通じる階段は、地下街の場合60メートル間隔で設置されています。煙がひどいときは、ハンカチなどで口と鼻を覆って壁とフロアとのコーナーあたりに顔をくっつけながら進むのです。非常口にたどり着いても、いきなり屋外に出るのではなく、よく周囲の状況を確かめて屋外に出てください。

車に乗っている時

　一般的には「車に乗っているとき、地震に遭遇したら、直ちに左側に停車し、キーをつけたままドアをロックしないで徒歩で避難する」と言われています。
　しかし、みんなが左側に車を停めて放置していってしまったら、消防車、救急車、緊急救助隊が通れないことにもなる可能性もあります。ですから、車の運転中に地震にあったときの正しい行動は次のようになります。

①前後の車に注意してスピードを落とし、左側に一旦停車する。
②車が動くようなら横道へ逸れ、駐車場か広場に停める。
③ラジオで災害情報を収集する。
④連絡先メモを残し、車検証を持って徒歩で避難する。

　地震が発生したら、原則として車で避難せず必ず徒歩で避難することです。そのためにも、車のトランクにはデイパックに非常用品やスニーカーを入れておくと助かります。また、周囲の状況が把握できないときは停車した車の中で情報を聞きながら様子を見ることも大切です。寒い時期は特に、小さな毛布を入れておくと役立ちます。

2 熊本地震

被災地の現場から

2016年4月16日に発生した熊本地震は最大震度7。熊本県と大分県を中心とする九州地方に甚大な被害をもたらしました。ぼくらもすぐにボランティアとして熊本に飛びました。

熊本地震の現状と新たな課題

指定避難所は子供や女性も多く、過去の災害では、子供や女性のプライバシーの確保や防犯対策などへの配慮が欠けていたことが報告されています。

しかし、その点についてしっかりと状況が整備されていないことと合わせて、熊本では大きな余震が続いており、「屋内が怖い」として、狭い自家用車に寝泊まりする「車中泊避難」をする被災者が多く見られました。この「車中泊避難」に関しては、災害計画や避難所運営ガイドラインで対策について触れられていませんでした。

アウトドア用品の支援物質提供に並ぶ列

そこで、私はアウトドア用品を抱えて熊本市内、益城町に向かいました。最初に向かった熊本市内では、アウトドアメーカーがテントやシュラフなどを被災者に配布する災害支援活動に参加してきました。

　この支援活動を通じて接した被災者より「避難所ではない場所で、車中泊を続けている方が大勢いる」と情報提供があり、指定避難所以外の箇所を回り、車中泊をしている避難者のニーズを確認してテントを提供してきました。

熊本市平成中央公園　臨時テント村

　２２００台収容の広い駐車場が、熊本地震による車中泊の避難者で埋まる益城町のグランメッセ熊本。町の指定避難場所ではないため公的支援の対象外でしたが、県内外の個人や企業から水や食料、紙おむつなどが直接届けられ、避難者を支えていました。

軽自動車で2人のこどもと過ごしていた家族にテントを提供する。こども達はテントが立ち上がった瞬間に「わ———秘密基地だ———」と叫んでいた。夜にもう一度、不具合が無いか確認に行くと「おもちゃいっぱい持ってきたよ、見て———」と嬉しそうに話をしてくれた。

テントが生み出す、新たな可能性

【エコノミークラス症候群】

　長時間の車内避難生活はエコノミークラス症候群の原因となり、車中泊が原因とみられる震災関連死は、2004年の新潟県中越地震以降注目され、熊本地震でも犠牲者が出て問題視されることとなりました。

【テントは一時避難シェルターの役目だけではない】

　車中泊している避難者の方と一緒に話をしながらテント設営をしていると、避難生活をされている方々には、家を失い、仕事も失い、これからの人生に大きな不安を抱いている方もいました。テントは、雨風をしのぐだけではなく、避難生活の中においても少しでも生活を楽しむ心が芽生える、未来に向けて気持ちを前向きに持っていくためのツールなんだということがわかりました。

　私達がテントを設営していると、車中泊している時には話もしなかった人たちが集まってきました。「あなたもテント立ててもらったの？」「こっちのテントも素敵ね」「明日から色々なテントを回ってお茶会でもしましょう」という声が聞こえてきます。

　東日本大震災の時もそうでしたが、被災してどんなひどい状況になっても、人々は寄り添うことで希望を再び手に入れることができるのです。
　一番大切なのは、厳しい期間を安全に生き延びることです。そのことを私は熊本で再確認することになりました。
　できるだけ多くの人たちに、そのための知識や経験を手に入れてほしいとあらためて感じています。

第7章 ここまでとこれから

第7章 ここまでとこれから

ここまでとこれから

　「防災教育」は、その重要性の割に実効性のある方法がまだ浸透していない印象があります。防災は内容が多岐にわたるものですが、学校などで行われる場合、多くは避難訓練と関連させてコンパクトに行われることが多いと思います。しかし多くのことを教えなければならない学校での指導計画の中に、本格的な内容をしっかりと盛り込むことが難しいのは理解できます。

　社会教育の一環として行われる取り組みに参加できればよいのですが、「なんだか堅苦しくて難しそう、参加しづらい」などの声が多く聞かれる現状です。一方で主催する側にとっても、「どのような教材を使うべきか分からない」「面白い教材が見つからない」などといった課題が報告されています。

　さらに、防災教育の優れた取り組みが、特定の地域等の「点」で行なわれるのみに留まることが多く、市町村の防災部局や教育委員会、警察・消防、自治会、さらには近隣の大学・研究機関等からなる「面」的なネットワークの構築、それに関わる人材が不足しているとの指摘があります。被災すれば、地域全体がチームとして動かなければならないのにもかかわらず、です。

　では、どうしたらよいのでしょうか。

　東日本大震災、熊本地震の被災地で活躍していた子ども達や大学生達は、未来の主役。ぼくは、その未来の主役の育成こそが大切であり、災害に強いまちづくりにおいてもっとも大切なことだと思っています。

　彼らに防災のためのスキルを学んでもらうにあたり、先のような課題をなんとか解決したいと思って考えたのが、「キャンプの楽しさ」と「防災」とを組み合わせた「防災キャンプ」でした。電気やガス、通信手段がないキャンプは、ライフラインが途絶えた状況を疑似体験できます。災害時に活かせる要素が満載です。

この防災キャンプを通じて、防災に対する知識やスキルを学んだ大学生や小学生たちは、災害時にライフラインが途絶えた状況下で、身近な日用品を使った火起こしや水の確保、雨具作り、プライバシーに配慮した避難所の設営、テント設営など、悪天候にもかかわらず、自分で自分を守る力「自助能力」を養うことができたと思います。

　加えて、日本赤十字社の赤十字救急法基礎講習で三角巾を用いた応急手当などの「命を救う方法」を学んだり、災害救護活動や防災に関する講義を受けたりして、災害時のさまざまな問題解決に向けた「災害時の実践力」を身につけることができました。

　経験は心を強くします。災害時の困難を疑似体験することで、万が一災害にあった時にも心に余裕が生まれます。また、こうして楽しみながら覚えると、災害発生時にも「あのときの、楽しい経験が生かせる！」と思うことができるわけですから、ストレスを軽減するのにも役立ちます。

　そんな考えから、フィールドを野山だけでなく「避難所」にも設定し、そこでキャンプを営みながら、非常時でも快適な生活を送ることができる術を学べるのが防災キャンプなのです。

　災害時の避難生活をキャンプを通じて疑似体験し、「避難所は怖かった」などと感じることで、防災を自分自身のこととして考えるようになります。

　防災に必要なことは「創造する力」です。自分で考え、工夫するのです。もちろん失敗したり、思ったほどの効果がないことがあります。ではどうするか。それこそが課題の発見です。

　発見した課題に対して、どうしたら「いのちを守れるのか」「備えになるのか」さらに考え、実行してみます。今度はうまくいくかもしれませんし、また失敗するかもしれない。でもいいのです。成功と失敗の繰り返しを通じて災害時に必要な「判断する力」を養うことができますから。

第7章　ここまでとこれから

　災害時の避難所は、単に避難所内の運営をするだけではなく、地域住民を含めた被災者の支援機能も持たねばなりません。今後、この防災キャンプが全国的に広がり、学生たちを中心とした多くの防災リーダーが各地に誕生して連携すれば、災害時の被災者支援拠点としての避難所が大きく変わると思います。

「楽しいことが一番!!」
楽しくなきゃ始まらないのです。

　防災キャンプでは「自ら獲得する成功体験」「失敗から学ぶ」という言葉をよく使います。「成功するために用意したレールの上を走るのではなく、自ら考え、判断し、命をつなぐ行動の大切さを学んでもらいたい」からです。災害が起こった時に、すぐに命を守れる行動がとれる能力を身につけることが大切です。周りの人と協力し合いながら、困難を乗りこえていかなければならない災害時にも、「気づき・考え・行動する」は重要なこととなります。

　注意したいのは、無理にやらせようとしないことです。「やらなくてはならない」を強いることで、「防災はつまらない」という気持ちをもたせてしまう恐れがあるからです。興味をもちながら学ぶことが理想なのです。その理想を掲げて実践してきたぼくらの防災キャンプは、2014年、2015年には約2000人が参加するまでになりました。

　この取り組みを今後もさらに発展させることで、ゆくゆくは若い世代を中心とした全国的な防災ネットワークの構築につながってくれることを願いながら、これからも努力を続けていくつもりです。

　本書には、主にこれまで行ってきた防災キャンプの活動の様子を中心にまとめました。一方で、災害現場で活用できる避難所運営・熊本地震でも課題となった車中泊対策などの実学的な要素の詳細についてはあまり盛り込めませんでした。機会があれば、今度はそういった内容についても掘り下げながら紹介してみたいと思います。

　終わりになりましたが、日本赤十字秋田県支部、行政機関、教育機関、医療機関、民間企業、NPO団体、子育て支援関係者、大学生・市民ボランティアの皆様には心から感謝を申し上げます。

日本赤十字秋田短期大学

及川　真一

大切な人を守るために。いざという時に。
いつでもそばに。
iPOSH

iPOSHは、菌やウイルスを素早く除去し、ニオイを原因から消臭する除菌消臭水。普段からお使いいただけるほか、緊急時にも防災グッズとして、さまざまなシーンで活躍します。人が密集する中での**菌やウイルス除去**、**空間除菌**、トイレなどの消臭、**お風呂に入れない**時のニオイ対策、**歯ブラシの除菌**にも使えます。また**食器に直接シュッと**するだけで除菌できます。主な水道の水質基準を満たし、**飲めるくらい安**全性が高いから、どなたでも安心してお使いいただけます。大切な人を守るため、iPOSHをいつでもそばに。

※飲用ではありません。

お問い合わせは
株式会社ローカルパワー TEL.018-838-6943
秋田県秋田市八橋大畑2-3-1 WhiteCube 1F

lpower.jp

及川 真一（おいかわ しんいち）
1974年　仙台市出身
日本赤十字秋田短期大学　助教
修士（スポーツ科学）
秋田こども遊び応援実行委員会　委員長
住民参加型のまちづくりのワークショップ、地域活性化事業などに携わる。社会課題解決のため、大学生を主体としたボランティア活動を行い、地域に根ざした教育活動を展開している。学生時代から始めたサーフィンの経験を活かして、海で行う野外教育にも取り組んでいる。

【参考文献】
公益社団法人　日本キャンプ協会「キャンプ指導入門」2013年4月
日本赤十字社「救急法基礎講習」日赤サービス　2012年5月
日本赤十字社「水上安全法講習」日赤サービス　2013年4月
日本赤十字社「雪上安全法講習」日赤サービス　2014年6月
工藤 章興（著）,伊藤 幸司（監修）「自然の中で生き残るためのサバイバル読本」主婦と生活社　1990年4月
谷口 尚規（著）,石川 球太（画）「冒険手帳－火のおこし方から、イカダの組み方まで」光文社　2005年8月
NOSIGNER（編集）「OLIVE いのちを守るハンドブック」KADOKAWA／メディアファクトリー　2011年8月
斉藤政喜「シェルパ斉藤の元祖ワンバーナークッキング」エイ出版社　2014年2月

【撮影協力者一覧（五十音順）】

赤川　可純	小森　まどか	菅原　歩美	こどもサマーキャンプに参加してくれた子ども達
伊藤　百花	斎藤　愛美	竹澤　雄基	防災キャンプを支えてくれました関係者の皆さま
伊藤　有美	佐々木　晴菜	中居　愛知子	
岡村　美和	佐々木　琉瑠	二木　美幸	二木　陸翔　二木　優虹
奥山　ほのか	佐藤　月		及川　楓都
釜谷　日花里	鈴木　茉莉		

防災キャンプのすすめ－災害時に役立つアウトドアの知識

著者	及川真一
協力	日本赤十字社秋田県支部
企画・制作	オレンジヘッド
発行日	2016年8月31日
発行	秋田魁新報社
	〒010-8601　秋田市山王臨海町1-1
	ＴＥＬ 018(888)1859(出版部)
	ＦＡＸ 018(863)5353
定価	本体1500円＋税
印刷・製本	秋田活版印刷株式会社

乱丁、落丁はお取り替えいたします。
ISBN978-4-87020-384-6　C0036　￥1500E